Hibat Allah Belghol

Conception, ingénierie d'une solution 3G wifi-offload

Hibat Allah Belghol

Conception, ingénierie d'une solution 3G wifi-offload

Mise en place d'un outil de planification et dimensionnement des accès wifi

Éditions universitaires européennes

Impressum / Mentions légales

Bibliografische Information der Deutschen Nationalbibliothek: Die Deutsche Nationalbibliothek verzeichnet diese Publikation in der Deutschen Nationalbibliografie; detaillierte bibliografische Daten sind im Internet über http://dnb.d-nb.de abrufbar.

Alle in diesem Buch genannten Marken und Produktnamen unterliegen warenzeichen-, marken- oder patentrechtlichem Schutz bzw. sind Warenzeichen oder eingetragene Warenzeichen der jeweiligen Inhaber. Die Wiedergabe von Marken, Produktnamen, Gebrauchsnamen, Handelsnamen, Warenbezeichnungen u.s.w. in diesem Werk berechtigt auch ohne besondere Kennzeichnung nicht zu der Annahme, dass solche Namen im Sinne der Warenzeichen- und Markenschutzgesetzgebung als frei zu betrachten wären und daher von jedermann benutzt werden dürften.

Information bibliographique publiée par la Deutsche Nationalbibliothek: La Deutsche Nationalbibliothek inscrit cette publication à la Deutsche Nationalbibliografie; des données bibliographiques détaillées sont disponibles sur internet à l'adresse http://dnb.d-nb.de.

Toutes marques et noms de produits mentionnés dans ce livre demeurent sous la protection des marques, des marques déposées et des brevets, et sont des marques ou des marques déposées de leurs détenteurs respectifs. L'utilisation des marques, noms de produits, noms communs, noms commerciaux, descriptions de produits, etc, même sans qu'ils soient mentionnés de façon particulière dans ce livre ne signifie en aucune façon que ces noms peuvent être utilisés sans restriction à l'égard de la législation pour la protection des marques et des marques déposées et pourraient donc être utilisés par quiconque.

Coverbild / Photo de couverture: www.ingimage.com

Verlag / Editeur:
Éditions universitaires européennes
ist ein Imprint der / est une marque déposée de
OmniScriptum GmbH & Co. KG
Heinrich-Böcking-Str. 6-8, 66121 Saarbrücken, Deutschland / Allemagne
Email: info@editions-ue.com

Herstellung: siehe letzte Seite /
Impression: voir la dernière page
ISBN: 978-3-8417-4359-6

Dédicaces

Qu'il me soit permis à travers ce modeste travail d'exprimer ma plus profonde reconnaissance à :

Ma mère Khadija et mon père Abdelkader

Que nulle dédicace ne puisse exprimer ce que je leur dois, pour leur bienveillance, leur affection et leur soutien …Trésors de bonté, de générosité et de tendresse, en témoignage de mon profond amour et ma grande reconnaissance

« Que dieu vous garde »

Ma tante Amina

Aucun mot ne saura témoigner de l'étendue des sentiments que j'éprouve à son égard

Mes sœurs Maroua et Douaa

Puisse ce travail vous exprimer mon attachement fraternel et mes vœux de bonheur et de réussite

Mon amie Sara

Qui m'as toujours aidé et soutenu comme preuve d'amour et fraternité éternelle. A laquelle, j'espère une vie pleine de joie et de bonheur

Monsieur Anass Jarane

Pour le temps qu'il m'a consacré pour m'aider à réussir ce travail

Du fond du cœur, merci.

Hibat Allah.

Sommaire

Introduction

Les challenges grandissants dans la gestion de la Data en termes d'évolution imposent aux acteurs et notamment opérateurs de prospecter et de mettre en œuvre des technologies de plus en plus modernes, afin d'adresser les besoins clients et de les satisfaire.

En effet, toutes les études et les prévisions aboutissent aux mêmes conclusions en ce qui concerne la croissance attendue des usages mobiles.

Toutes ces études s'accordent sur une croissance importante du trafic Data Mobile dans les années futures. Celles qui sont effectués par région ou sur sa région le Maroc est en Pôle position notamment grâce à l'opérateur X, confirment cette tendance.

- ⇨   Le trafic en 2017 sera 7 fois supérieur à celui de 2013.
- ⇨   L'évolution sur la région ME et Afrique est dans les mêmes ratios.

Cette croissance est la résultante de deux tendances majeures :

- ⇨   Diversification et variété des terminaux : les ordinateurs portables qui généraient 50% de trafic en 2012, généreront moins de 11%en 2017 en faveur des nouveaux terminaux smartphones, tablettes, terminaux M2M, ... et autres
- ⇨   Croissance du trafic moyen par utilisateur (terminal) :

Device Type	2012	2017	2017/2012 en %
Nonsmartphone	6,8	31	456%
M2M Module	64	330	516%
Smartphone	342	2660	778%
4G Smartphone	1302	5114	393%
Tablet	820	5387	657%
Laptop	2503	5731	229%

Tableau 1: Croissance du trafic moyen par utilisateur de 2012 à 2017

Source: Cisco VNI Mobile, 2013

Ceci est accentué par la vidéo : le trafic vidéo mobile représentera 66% du trafic en 2017.

D'après le figure1, Le trafic de données mobiles connaît une grande évolution, il devrait atteindre 11.2 exaoctets par mois à l'horizon de l'année 2017, ce qui signifie une augmentation d'environ 12 fois par rapport à l'année 2012.

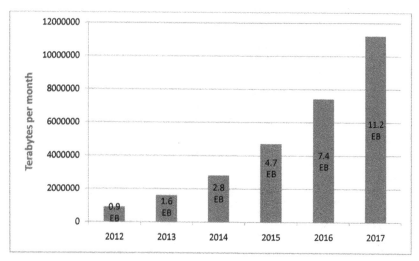

Figure 1: Prévisions de Cisco pour l'évolution de trafic de données mobiles de 2012 à 2017

Source: Cisco VNI Mobile, 2013

L'Amérique du nord et l'Asie Pacifique représenteront presque les deux tiers du trafic mobile mondial d'ici 2017, comme le montre la figure 2.

Le Moyen-Orient et l'Afrique connaîtront l'augmentation de 17.3 fois au cours de la période de prévision.

Les régions des marchés émergeants (Europe de l'Est Amérique centrale et latine, Moyen-Orient et Afrique) auront la plus forte croissance et représentent une part croissante du trafic total de données mobile, de 19 pour cent à la fin de l'année 2012 à 22 pour cent de l'année 2017.

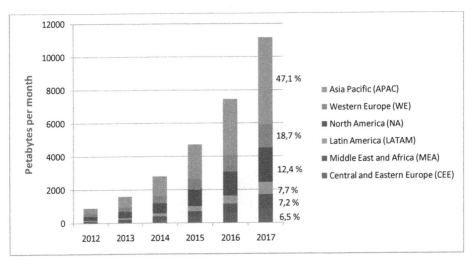

Figure 2: Prévisions de Cisco pour l'évolution de trafic de données par région

Source: Cisco VNI Mobile, 2013

Diversification des équipements utilisateurs

La figure 3, montre les terminaux responsables de la croissance du trafic de données mobile.

Les ordinateurs portables et les netbooks vont continuer à générer une quantité disproportionnée de trafic, mais de nouvelles catégories de périphériques tels que M2M et les tablettes vont commencer à représenter une Partie importante du trafic en 2017.

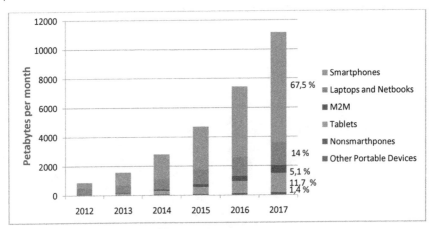

Figure 3: Les Smartphones et les ordinateurs portables mènent la croissance du trafic

Source: Cisco VNI Mobile, 2013

Le tableau 2 montre les types des flux de données

	2012	2013	2014	2015	2016	2017
Data	313,550	526,838	871,942	1, 369,022	2,011,512	2,778,386
File sharing	92,574	142,411	214,889	298,095	369,068	395,342
Vidéo	455,216	858,026	1,603,384	2,834,963	4,714,310	7,418,322
M2M	23,566	49,973	106,827	198,405	343,620	563,481

Tableau 2: Le trafic de données mobiles 2012-2017

Source: Cisco VNI Mobile, 2013

Face à la croissance remarquable du trafic data, la diversification continue des équipements utilisateurs et l'apparition de nouvelles tendances d'utilisation et d'applications gourmandes en termes de bande passante, le chalenge pour les opérateurs est d'implémenter une solution complémentaire au réseau 3G pour pouvoir accompagner ses changements et garantir aux utilisateurs une bonne qualité de service et une expérience d'utilisation satisfaisante.

Dans le contexte Opérateur Telecom, et face à cette augmentation, des investissements en accès 3G sont nécessaires. Et parfois, la limite en termes d'extension du réseau 3G est déjà atteinte.

Il existe, donc, une réelle opportunité à mettre en œuvre de nouvelles solutions: Des solutions à base de la technologie WI-FI se positionnent comme un choix pertinent pour augmenter les débits en accès et améliorer l'expérience des usagers (User Experience). D'autres technologies telle que la LTE (4G) ou le Femto sont aussi soit entamées soit sur les tablettes des opérateurs mais répondent à d'autres contraintes.

Dans le contexte Marocain, l'ANRT (Agence Nationale de Réglementation des Télécommunications) a publié une décision qui définit les conditions d'installation et d'exploitation des réseaux WI-FI outdoor par les exploitants de réseaux publics de télécommunications terrestres autorisés à fournir des services de télécommunications fixes et mobiles au Maroc. Un chapitre sur le contexte réglementaire détaillera les principaux aspects liés à cette décision et présentera un benchmark avec ce qui se fait à l'International.

Dans ces contextes technologiques et réglementaires favorables, l'objectif de mon ouvrage est de concevoir de bout en bout une solution à base de la technologie WI-FI en accès, en parallèle avec une intégration dans le Core Network selon différents scénarii de déploiement et de mise en œuvre. Ce travail s'est déroulé au sein de l'opérateur X, opérateur global, et leader dans le marché Marocain.

Ces scénarii sont discutés et chacun est présenté avec son ingénierie appropriée.

Dans ce contexte, j'ai articulé mon travail autour des axes suivants :

- Evaluation de la situation existante en étudiant la technologie 3G, ses apports et ses limitations notamment sur une base statistiques et KPI.

- Revue de l'environnement réglementaire consacrée au WI-FI au Maroc et à l'International.

- Rappel de l'architecture des réseaux UMTS avec un focus sur la partie Accès 3G, avec une étude des contraintes de la saturation des réseaux d'accès mobiles avec la croissance du trafic Data sur la base des statistiques collectés via l'analyse des KPI les plus significatifs dans le contexte de l'étude.

- Conception d'une solution WI-FI Offload avec le détail des architectures et discussions des différents scénarii de déploiement

- Un ultime axe développé se réfère au «dimensionnement d'un réseau WI-FI» vient pour étudier le processus de planification et de dimensionnement d'un réseau WI-FI toute en montrant les différents problèmes qui se posent lors de dimensionnement d'un tel réseau et en décrivant le processus général de planification et de dimensionnement adopté. Une étude de cas de dimensionnement de réseau d'accès WI-FI de l'opérateur X au sein d'un quartier Pilote.

Durant ce travail, J'ai été rattachée au département Réseaux d'Entreprises et plus particulièrement au service Accès Entreprises qui s'occupe de l'ingénierie et du déploiement des réseaux d'accès filaires et sans fils pour les Entreprises. Le département RE fait partie de la Direction Ingénierie de la DG Réseaux et Systèmes.

Chapitre 1

Réseaux 3G mobiles, Architecture, Planification, Optimisation, QOS, KPI, facteurs de limitations

Ce chapitre, décrit l'architecture des réseaux 3G de manière générale, notamment en ce qui concerne les aspects fonctionnels, planification et optimisation. Le but de cette description et de mettre en évidence la notion de qualité de service et les différents indicateurs clefs de performance (KPI) nécessaires dans le processus de suivi de la saturation au niveau des plaques et sous plaques 3G, et aussi d'introduire un background nécessaire pour la compréhension du positionnement du WIFI-Offload dans un contexte de réseaux mobiles, d'où la nécessité de rappeler les principaux éléments d'un réseau 3G.

1. Architecture du réseau UMTS

L'UMTS pour « Universal Mobile Telecommunication System » désigne une norme cellulaire numérique retenue dans la famille dite IMT 2000 comme norme pour les systèmes de télécommunications mobiles de troisième génération.

L'architecture UMTS se veut compatible avec les autres réseaux mobiles de deuxième et de troisième génération et garantit en même temps une évolution adaptable en fonction des besoins des opérateurs de télécommunications

Cette architecture peut être vu de deux points de vue : l'une physique ou on parle des équipements et éléments qui constitue le réseau, et l'autre fonctionnel ou l'on parle de strates afin de mettre le point sur les différents protocoles mis en œuvre pour assurer la communication entre ces éléments.

1.1 Architecture physique

Pour modéliser l'architecture physique, le concept de domaine est utilisé. Ceci permet d'introduire les équipements qui composent le réseau et la façon de les délimiter.

Le réseau UMTS se divise en deux domaines : le domaine équipement utilisateur, et le domaine infrastructure, ce dernier se subdivisant en deux sous-domaines, le domaine du réseau d'accès et le domaine du réseau cœur

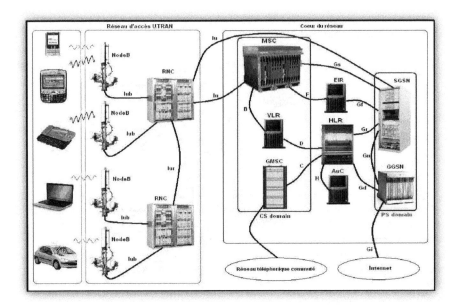

Figure 4: Architecture physique du réseau UMTS

1.1.1 Domaine de l'équipement utilisateur

Il comprend tous les équipements terminaux, il peut être également divisé en deux sous-domaines, l'équipement mobile utilisé pour les connexions radio sur l'interface Uu et le module d'entité des services de l'usager USIM (Universal Subscriber identity module) c'est une carte à puce contenant l'identité de l'abonné, les algorithmes de sécurité, les clés d'authentification, les clés de chiffrement ainsi que les données relatives à l'abonnement de l'utilisateur.

1.1.2 Domaine de l'infrastructure

Il se compose de deux sous domaines :

Le réseau d'accès propose les fonctions permettant d'acheminer les informations (trafic de données et trafic de signalisation) depuis l'utilisateur jusqu'au réseau cœur. Il fournit à l'équipement utilisateur les ressources radio et les mécanismes nécessaires pour accéder au cœur du réseau.

Le réseau cœur regroupe les fonctions permettant, la gestion des appels, la sécurité, la communication avec les réseaux externes.

1.1.2.1 Domaine réseau d'accès UTRAN

Le réseau d'accès UTRAN est doté de plusieurs fonctionnalités. Sa fonction principale est de transférer les données générées par l'usager. Il est une passerelle entre l'équipement usager et le réseau cœur via les interfaces Uu et Iu. Cependant, il est chargé d'autres fonctions :

- **Sécurité** : Il permet la confidentialité et la protection des informations échangées par l'interface radio en utilisant des algorithmes de chiffrement et d'intégrité.
- **Mobilité** : Une estimation de la position géographique est possible à l'aide du réseau d'accès UTRAN.
- **Gestion des ressources radio** : Le réseau d'accès est chargé d'allouer et de maintenir des ressources radio nécessaires à la communication.
- **Synchronisation** : Il est aussi en charge du maintien de la base temps de référence des mobiles pour transmettre et recevoir des informations.

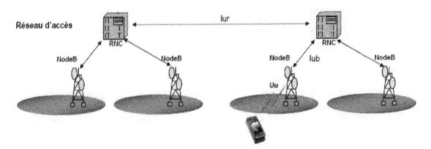

Figure 5: Architecture physique du réseau d'accès UTRAN

L'UTRAN est constitué d'un ensemble de sous-systèmes réseau radio, chaque RNS regroupe plusieurs nodes B.

Node B

Le Rôle d'un node B est d'assurer les fonctions de réception et de transmission radio pour une ou plusieurs cellules de l'UTRAN :
- Gestion de la couche physique (codage canal, entrelacement, adaptation de débit).
- Gestion des ressources radio (contrôle de puissance en boucle interne).
- Gère l'interface Iub du côté réseau et Uu du côté terminal usager.

RNC

Le RNC est le contrôleur de node B .il contrôle l'utilisation et l'intégrité des ressources radio, c'est l'entité de l'UTRAN chargée principalement du routage des communications entre le Node B et le réseau cœur de l'UMTS.

Deux types de RNC sont définis:

Le Serving RNC (S-RNC):il gère les connexions radio avec le mobile et sert de point de rattachement au réseau cœur via l'interface Iu. Il contrôle et exécute le handover. Il assure aussi les fonctions de division/recombinaison dans le cas du soft-handover pour acheminer un seul flux vers l'interface Iu.

Le Drift RNC (D-RNC):sur ordre du S-RNC, il gère les ressources radio des stations de base (Node B) qui dépendent de lui. Il effectue la recombinaison des liens lorsque du fait de la macro diversité, plusieurs liens radio sont établis avec des stations de base qui lui sont rattachés. Il route les données utilisateurs vers le

Serving RNC dans le sens montant et vers ses stations de base dans le sens descendant.

Lorsqu'une communication est établie par un équipement usager, une connexion de type RRC (Radio Resource Control) est établie entre celui-ci et un RNC du réseau d'accès UTRAN. Dans ce cas de figure, le RNC concerné est appelé SRNC (Serving RNC). Si l'usager se déplace dans le réseau, il est éventuellement amené à changer de cellule en cours de communication. Il est d'ailleurs possible que l'usager change de NodeB vers un NodeB ne dépendant plus de son SRNC. Le RNC en charge de ces cellules distantes est appelé « controlling RNC ». Le RNC distant est appelé « drift RNC » du point de vue RRC. Le « drift RNC » a pour fonction de router les données échangées entre le SRNC et l'équipement usager.

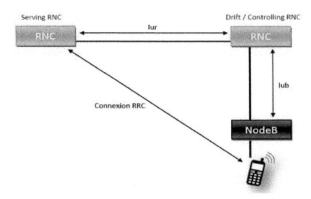

Figure 6: Rôle du RNC

1.1.2.2 Domaine réseau de cœur

Le réseau cœur de l'UMTS est composé de trois parties dont deux domaines :
- Le domaine CS (Circuit Switched) utilisé pour la téléphonie
- Le domaine PS (Packet Switched) qui permet la commutation de paquets.
- Les éléments communs aux domaines CS et PS

Ces deux domaines permettent aux équipements usagers de pouvoir gérer simultanément une communication paquets et circuits.

Ces domaines peuvent être considérés comme des domaines de service. Ce type d'architecture permet de pouvoir créer ultérieurement d'autres domaines de service.

Le domaine CS

Le domaine CS est composé de plusieurs modules :

- Le MSC (Mobile-services Switching Center) est en charge d'établir la communication avec l'équipement usager. Il a pour rôle de commuter les données.

- Le GMSC (Gateway MSC) est une passerelle entre le réseau UMTS et le réseau téléphonique commuté PSTN (Public Switched Telephone Network). Si un équipement usager contacte un autre équipement depuis un réseau extérieur au réseau UMTS, la communication passe par le GMSC qui interroge le HLR pour récupérer les informations de l'usager. Ensuite, il route la communication vers le MSC dont dépend l'usager destinataire.

- Le VLR (Visitor Location Register) est une base de données, assez similaire à celle du HLR, attachée à un ou plusieurs MSC. Le VLR garde en mémoire l'identité temporaire de l'équipement usager dans le but d'empêcher l'interception de l'identité d'un usager. Le VLR est en charge d'enregistrer les usagers dans une zone géographique LA (Location Area).

Le domaine PS

Le domaine PS est composé de plusieurs modules :

- Le SGSN (Serving GPRS Support Node) est en charge d'enregistrer les usagers dans une zone géographique dans une zone de routage RA (Routing Area)

- Le GGSN (Gateway GPRS Support Node) est une passerelle vers les réseaux à commutation de paquets extérieurs tels que l'Internet.

- Le PCRF fournit des règles PCC (policy and charging control)à un fonction PCEF (Policy and Charging Enfoncement Function) appartenant au domaine de transport. Le PCRF a accès aux données de souscription de l'usager afin de pouvoir adapter l'usage des ressources de transport par le service ainsi que la taxation du service en fonction du profil de l'usager. La fonction PCEF peut être intégrée dans le nœud qui termine l'accès tel que GGSN, PDN GW, ou peut être indépendante.

- L'OCS (Online Charging System) est la fonction de taxation online qui alloue un crédit par flux de service au PCEF. Le PCEF interagit avec l'OCS via l'interface Gy.

  NB : la partie PS est très liée au Wifi-offload et sera revue plus dans le chapitre sur les architectures et scénarii de mises en œuvre.

Eléments communs

Le groupe des éléments communs est composé de plusieurs modules dont le plus important :

- Le HLR (Home Location Register) représente une base de données des informations de l'usager : l'identité de l'équipement usager, le numéro d'appel de l'usager, les informations relatives aux possibilités de l'abonnement souscrit par l'usager.

1.2 Architecture fonctionnelle

Au cours de la modélisation du réseau UMTS, un découpage en strates (ou niveaux) a été introduit dans les spécifications du 3GPP. Ce découpage permet de séparer des niveaux de services indépendants dans le réseau UMTS.

D'une manière générale, un réseau UMTS est constitué de deux niveaux principaux, appelés AS (Access stratum) et NAS (non Access stratum) ce qui permet une répartition logique des fonctions du réseau.

L'Access Stratum regroupe toutes les fonctions liées au réseau d'accès, dont les fonctions de gestion des ressources radio et de handover. L'UTRAN est entièrement inclus dans l'AS. Par ailleurs, il comprend aussi une partie de l'équipement mobile (celle qui gère les protocoles de l'interface radio) ainsi une qu'une partie du réseau cœur (correspondant à l'interface Iu).

Le non Access Stratum regroupe toutes les autres fonctions du réseau UMTS, indépendantes du réseau d'accès, comme les fonctions d'établissement d'appel qui sont CC (call control) pour les appels circuit, et SM (session mangement) pour les appels paquet.

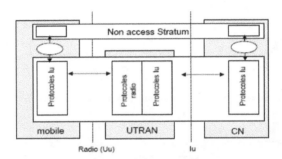

Figure 7: Architecture fonctionnelle de l'UMTS

1.3 Les interfaces logiques de communication

Dans un réseau UMTS, il existe un ensemble d'interfaces logiques qui assurent la communication entre les différents éléments du réseau.

- Uu: Interface entre un équipement usager et le réseau d'accès UTRAN. Elle permet la communication avec l'UTRAN via la technologie CDMA.
- Iu: Interface entre le réseau d'accès UTRAN et le réseau cœur de l'UMTS. Elle permet au contrôleur radio RNC de communiquer avec le SGSN.
- Iur: Interface qui permet à deux contrôleurs radio RNC de communiquer.
- Iub: Interface qui permet la communication entre un Node B et un contrôleur radio RNC.
- Gy: l'interface de taxation online entre l'entité PCEF et l'OCS
- Gx : l'entité permettant au PCEF d'obtenir des règles de taxation auprès de l'entité PCRF et ainsi taxer individuellement les flux de services IP.
- MAP : il fournit une couche application pour les différents éléments d'un réseau UMTS. Le but est de leur permettre de communiquer pour pouvoir fournir les services aux utilisateurs de téléphone mobile.

2. WCDMA et les codes utilisés dans L'UTRAN

Au niveau des différents forums de normalisation, la technique WCDMA (Wideband Code Division Multiple Access) s'est révélée être celle qui a été adaptée le plus largement pour l'UMTS. Le WCDMA est un système d'accès multiple par répartition de code utilisant une modulation par séquence directe. Cela signifie que les bits correspondant aux données utilisateur sont étalés sur une large bande passante en multipliant ces données par une séquence pseudo-aléatoire de bits (appelés chips) provenant des codes d'étalement CDMA. Afin de pouvoir supporter des débits élevés (jusqu'à 2Mbits/s), le WCDMA utilise des transmissions à facteur d'étalement variable et à multiples codes.

On distingue deux types de code :

- **Codes de canalisation** (Channelisation Codes) : ce sont des codes OVSF (Orthogonal Variable Spreading factor) qui permettent de séparer les utilisateurs d'une même cellule en sens descendant et les canaux d'un même utilisateur en sens montant.
- **Codes d'embrouillage** (Scrambling Codes) : Le Scrambling qui est une opération effectuée par l'émetteur permet de séparer les différents signaux d'un même terminal ou d'un même Node B : Réalisé juste après l'étalement, elle ne modifie pas la bande passante ni le débit, elle se limite à séparer les différents signaux les uns des autres.

3. Releases de L'UMTS

Release	Amélioration
Release 99	La Release 99 de l'UMTS possède une nouvelle interface radio basée sur l'accès multiple à répartition en codes CDMA, en comparaison avec le GSM/GPRS. Aussi les domaines circuit et paquet du réseau cœur se basent, en Release 99, sur le réseau transport du GSM et GPRS
Release 4	La Release 4 apporte une évolution majeure dans le réseau cœur circuit avec l'introduction d'un réseau cœur de nouvelle génération(NGN). En effet, le commutateur circuit MSC, qui gérait jusque la transmission et la signalisation, se voit éclaté en un serveur MSC, pour assurer le contrôle d'appel et en un ensemble de « passerelles de média » pour assurer la transmission
Release 5	La Release 5 de l'UMTS, introduit le support IP dans L'UTRAN de manière optionnelle ainsi que le support de la signalisation SIP par le réseau cœur avec la nouvelle architecture IMS pour les services non temps réel basés sur IP. Du côté de l'interface radio, les débits dans le sens descendant ont été améliorés avec le HSDPA qui offre, en théorie, 14.4 Mbits/s à partager entre les téléphones mobiles

	présents dans une cellule.
Release 6	La release 6 introduit l'interfonctionnement du réseau cœur UMTS avec le WLAN et l'interopérabilité avec d'autres technologies de réseau d'accès sans fil. Introduction de HSUPA, variante de HSDPA sur la voie montante. HSUPA, présenté comme le successeur de HSDPA, porte le débit montant à 5.8 Mbit/s théorique, le flux descendant étant de 14 Mbit/s comme en HSDPA.
Release 7	La Release 7 introduit quant à elle le concept AIPN « All-IP-Network ». En effet, ce concept prévoit l'intégration des réseaux d'accès à un réseau cœur tout IP. Elle permet aussi d'offrir un ensemble de services indépendamment des réseaux d'accès. Elle a amélioré le concept NDS « Network Domain Security » qui, associé aux protocoles de mobilité, permet aux utilisateurs d'effectuer une mobilité transparente et sécurisée.
Release 8	Introduction du LTE successeur du HSPA qui utilise l'OFDM et MIMO. Alors que la 3G+ plafonne théoriquement à 42 Mb/s en download , le LTE permet un débit descendant théorique de 100Mb/s et montant de 50 Mb/s. il permet en outre une diminution du délai de latence, un point critique pour la qualité des services IP des flux temps réel et le support de bien plus d'utilisateurs par cellule.

Tableau 3: Releases de l'UMTS

4. Planification d'un réseau UMTS

La planification est la phase la plus importance dans le cycle de vie d'un réseau cependant un bon réseau repose sur une bonne planification pour cela il faut tenir en compte un ensemble de points lors de la phase de planification.

Paramètres	Prévisions	Contraintes radio
• Technologie CDMA et nouvelles règles d'ingénierie. • Modèles de trafic paquet et circuit. • Stratégies de déploiement par rapport aux réseaux GSM/GPRS.	• Applications et services. • Profils utilisateurs. • Environnements d'usages.	• Segmentation des services et QoS, • Compromis couverture/services.

4.1 Processus de planification UMTS

Il s'agit d'un processus itératif qui se répète en parcourant les différents éléments de la chaîne jusqu'à avoir les résultats ciblés.

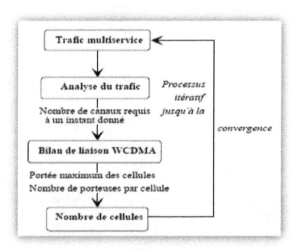

Lors de la planification d'un réseau UMTS Il faut identifier :

Zones à couvrir	Demande en trafic par zone
• environnements (urbain dense, urbain, suburbain, rural, ...). • Type de pénétration (indoor profond, indoor, outdoor, ...). • mobilité (piéton, voiture) et services.	• taux de pénétration UMTS, prévisions et parts de marché, profils et nombre d'utilisateurs, profils de trafic par service et par utilisateur, QoS.

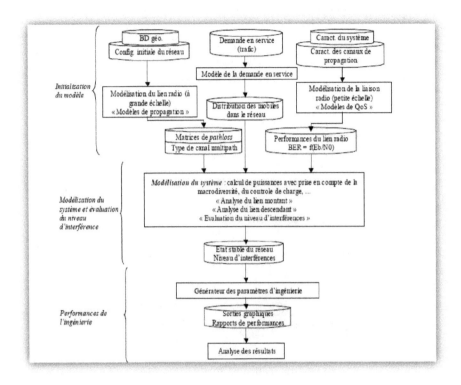

Figure 8: Modèle de planification globale d'un réseau UMTS

5. Principe et limite de la densification des réseaux radio

La densification 3G est décidée afin de palier à un problème de capacité éventuellement à un problème de couverture radio dans une zone précise.

Ce processus est initié par l'un des éléments suivants :

1. Une réclamation faite par des clients se plaignant d'une congestion, d'une mauvaise qualité ou d'une mauvaise expérience.

    (Client → Centre d'appel → départements techniques)

2. Une mesure via drive test avec des outils appropriés et qui sont typiquement une paire d'équipements transmetteur – récepteur avec de l'acquisition de coordonnées GPS à chaque point de mesure. Une mesure est un ensemble d'indicateurs post-traités pour tirer des constats et des conclusions.

    (Equipes de mesure terrain → Ingénieurs d'optimisation)

3. Une analyse basée sur KPI spécifiques : les ingénieurs performances guettent les comportements anormaux dans les KPI : Une chute de trafic, une dégradation anormale sur des bases d'analyses de tendances, des corrélations d'indicateurs incohérents, etc …
   (Ingénieur Qualité de fonctionnement / qualité de service / mesure de performance → Ingénieurs d'optimisation)
4. Besoin marketing notamment pour une amélioration Indoor
   (Equipes Marketing → Ingénierie Radio)

En général, à l'origine de l'augmentation des nombres d'utilisateurs, configuration des nodes B, changement de la structure géographique de la zone en question, cependant Le processus de densification d'un réseau UMTS répond à la fois à une logique technique et financière.

A l'exception des remontées Marketing, qui arrivent chez les équipes d'Ingénierie, les ingénieurs d'Optimisations sont les premiers à travailler sur les remontées. L'ingénierie invoque l'optimisation pour vérifier ce qui est possible sans ajout de site avant de décider un nouveau site.

Cette démarche de traitement commence donc au niveau de l'optimisation qui de son côté invoque des vérifications d'alarmes pour s'assurer que les éléments invocateurs n'aient pas été initiés suite à un défaut Maintenance (HW, feeders dévissés, etc …)

Ceci e permettra par la suite d'envisager des opérations de maintenance corrective en se déplaçant sur les lieux si nécessaire.

Si les problèmes liés à la maintenance sont résolus ou écartés et les éléments invocateurs persistent, les ingénieurs d'optimisations poussent l'analyses en vérifiant les paramètres physiques (notamment hauteur des antennes) et les paramètres logiques (seuils de paramètres, indicateurs corrélées avec ces paramètres, …).Des visites sur les lieux sont organisées pour s'arrêter sur l'environnement de fonctionnement des node B de la plaque, afin de déceler les cas d'obstruction, le changement dans la typologie des habitations, la densification de la population, etc ..

Ce travail débouche sur la définition de modifications d'un ou de plusieurs paramètres physiques et/ou logiques :

- Physiques : Réazimuter, hausser les antennes, changer les feeders, changer les antennes, tilt électrique / mécanique, installation d'amplificateurs sur tour (TMA, MHA, Remote amplifier, répéteurs, …)
- Logiques : changer la puissance, changer le seuil de HO, équilibrer les seuils pour un meilleur partage des ressources sur la population cible à servir, etc…

Chaque opération est suivie d'une opération de qualification sur le terrain et via des analyses indicateurs pour voir si l'objectif ou les objectifs l'ayant initiée sont atteint, sinon du Fine Tunning est décidée pour aller davantage dans le détail du règlement du problème.

Quand, il s'avère que toutes ses opérations sont insuffisantes, l'ajout d'un nouveau site est décidé et il faut alors prendre en considération différents paramètres qui font le sujet d'une étude de faisabilité et d'opportunité (Distance Inter –site : distance minimale requise entre deux sites voisins ; objectif du site ; ..)

Sur la base de ces éléments, Une SARF (Site Acquisition Request Form) est lancée pour rechercher et acquérir un site le plus souvent en location.

En ce qui concerne l'aspect financier de la solution, le coût doit couvrir :

- Le coût de location du lieu sur lequel s'installe le site
- Le coût d'énergie /climatisation
- Le coût des antennes et relais
- Le Coût de prestation et d'installation

Après la mise en place d'une solution de densification 3G, une phase d'évaluation est indispensable pour savoir à quel point l'ajout d'un nouveau site a résolu les failles de couverture et/ou de la capacité.

La densification atteint ses limites de par les contraintes que posent les grandes villes en termes de possibilités d'acquisition et de densification toujours plus contraignante (Inter-site distance).

Les besoins en mutation des usagers font que des plaques sont parfois chargés en data et moins en voix, et la question d'un site 3G qui fait voix et data versus un medium Data only trouve sa légitimité.

6. Classes de services UMTS

Le 3GPP définit quatre classes de qualité de service pour le transport des applications multimédias dans l'UMTS chaque classe est adaptée avec les besoins des applications correspondantes.

- La classe Conversational permet aux conversations vocales de proposer une bande passante contrôlée avec échange interactif en temps réel avec un minimum de délai entre les paquets.
- La classe Streaming permet aux services de streaming de fournir une bande passante continue et contrôlée afin de pouvoir transférer la vidéo et l'audio dans les meilleures conditions.
- La classe Interactive destinée à des échanges entre l'équipement usager et le réseau comme la navigation Internet qui engendre une requête et une réponse par le serveur distant.
- La classe Background, affiche la plus faible priorité, permet des transferts de type traitements par lots qui ne demandent pas de temps réel et un minimum d'interactivité (envoi et réception de messages électroniques).

7. Les indicateurs clé de performance

Dans la vie d'un réseau, l'aspect statistique est très important. En effet, il permet aux exploitants d'avoir une vue exhaustive sur l'état du réseau et des différentes briques qui le constituent.

Les statistiques sont ainsi un levier important et se trouvent en input de plusieurs process et notamment ceux relatifs à l'optimisation et au dimensionnement / redimensionnement.

7.1 Les catégories des indicateurs clés de performance

Il existe cinq catégories d'indicateurs clé de performance dans un réseau UMTS
- Accessibilité
- Maintenabilité
- L'intégrité
- Disponibilité
- Mobilité

Ces différentes catégories s'appliquent aux différents services offerts par le réseau.

7.2 Environnement de collecte

Les outils de gestion des performances sont conçus pour collecter d'une façon automatisée les statistiques de performance générées par les différents éléments des réseaux mobile 2G/3G.

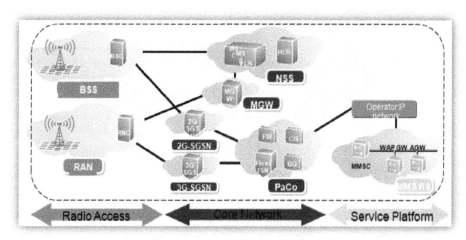

Figure 9 : Environnement de collecte des KPI

Ces systèmes fournissent en quasi temps-réel le suivi des KPI (QoS) de chaque élément réseau. Le suivi des performances à long terme est fait via des rapports et des analyses statistiques.

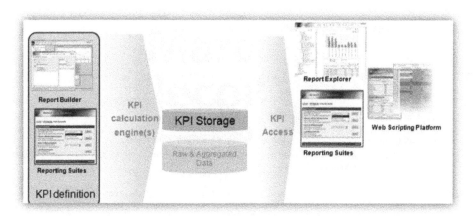

Figure 10 : processus de calcul et reporting des KPI

Les différentes informations sont collectées via des fichiers de Raw statistics (compteurs bruts [voir détail dans la suite]). Ces fichiers dont la structure est connue en avance et préalablement paramétrée subissent des transformations via des parseurs pour extraire les indicateurs bruts.

Des formules sont appliquées sur ces indicateurs bruts pour en extraire des indicateurs de qualité et de performances dits communément KPI.

Le KPI est donc une formule appliquée sur des indicateurs bruts sur une fenêtre de temps donnée. Un ensemble de KPI constitue un rapport ou un reporting.

Pour faciliter l'exploitation, des agrégats sont générés automatiquement et son stockés. Ainsi, des agrégats sont créés pour l'heure, la journée, la semaine, le mois, … et la logique de stockage de chaque agrégat est définie de façon à convenir à l'exploitation qui en sera fait et la pertinence de l'information stockée. Par exemple, les statistiques horaires d'il y a une année ne sont pas pertinents à revoir aujourd'hui donc leur stockage ne devrait pas être accessible aujourd'hui directement.

L'exploitation des statistiques se fait via des outils notamment WEB. Des rapports prédéfinis existent. L'exploitant peut lancer également une génération de rapport spécifique selon plusieurs champs souhaités en spécifiant des paramètres tels que :

- Scope : plaque, sous-plaque, cellules……………
- Granularité : Daily, weekly …..
- Date de début et fin

Une fois tous les champs remplis on lance la requête vers le serveur ou les KPI sont stockés et on peut les traiter par la suite sous excel.

Le processus s'étale sur une période prédéfinie de comptage (sortie de résultat période, ROP), réellement 15 minutes, c'est la prise en charge ROP longueur.

7.3 Processus de collecte des KPI

Les indicateurs clés de performance dans un réseau UMTS repose sur le concept des compteurs :

Concept de compteur

Les compteurs sont déclenchés pour chaque objet spécifique selon des règles bien définies.

Certains compteurs sont renforcés par des événements spécifiques (établissement RAB, Handover, interruption d'appel). Ils sont appelés compteurs PEG.

Autres compteurs sont utilisés pour stocker un résultat de mesure (par exemple, le nombre de connexions simultanées, la puissance consommée instantanément, la valeur des interférences etc.) par exemple les accumulateurs GAUGE, PDF, compteur DDM.

A la fin de cette période les valeurs de tous les compteurs sont stockées dans un ou plusieurs fichiers XML (norme 3GPP) et peuvent être extraites par les applications pour construire des indicateurs de performance clés et présenter les résultats.

Il existe plusieurs types d'indicateurs clé de performance, on cite parmi eux :

- Taux d'échec RRC-CS
- Taux d'échec RRC-PS
- Taux d'échec RAB-voix
- Taux d'échec RAB-vidéo
- Taux d'échec RAB-HSDPA
- Taux d'échec RAB-R99
- Taux de coupure voix
- Taux de coupure vidéo
- Taux de coupure HSDPA
- Taux de coupure R99
- Trafic CS
- Trafic voix
- Trafic HSDPA

Taux d'échec RRC-PS

RRC Setup Failure Rate PS
Formule du KPI:
$100-100*(PsSuccConnectReqpmTotNoRrc/RrcConnPsoadSharingPs - pmNoLConnectReqpmTotNoRrc)$
Description du KPI:
Cette formule met en évidence le taux d'échec des demandes de connexion RRC pour les appels PS. Dès qu'une demande de connexion RRC d'origine 'Originating Interactive Call' ou 'Terminating Interactive Call', 'Originating Background Call', 'Terminating Background Call' or 'OriginatingSubscribedtrafficcall' est reçue par le RNC de l'UE, un compteur *pmTotNoRrcConnectReqPs* est déclenché et si une autre cellule (inter-frequency), est choisie par Load Sharing mechanism, le compteur *pmNoLoadSharingRrcConnPs* est renforcée quand *RRC ConnectionRejectmessage* est envoyée au UE. Le compteur *pmTotNoRrcConnectReqPsSucc* augmente quand un RRC Connection Setup Complete message est reçu suite à une tentative d'établissement 'd'un originating or terminating background or interactive call'.

Taux d'échec RAB-HSDPA

HSDPA Access FAILURE Rate
Formule du KPI:
$100-100*(pmNoRabEstablishSuccessPacketInteractiveHS/ pmNoRabEstablishAttemptPacketInteractiveHS)$
Description du KPI:

Trafic HSDPA

HSDPA Traffic [Mbits]
Formule du KPI :
pmDlTrafficVolumePsIntHS

Throughput HSDPA user

HSDPA Data Average User Throughput DL [Kbps]
Formule du KPI :
pmSumHsDlRlcUserPacketThp/ pmSamplesHsDlRlcUserPacketThp

8. Facteurs de limitation du débit 3G

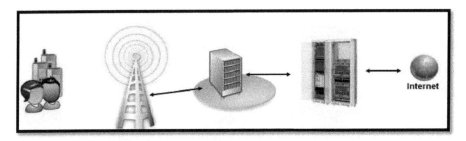

Il existe plusieurs facteurs de limitation du débit du à la limitation hardware et software des entités dur réseau 3G :

Utilisateurs
Les utilisateurs partagent les ressources permis par la NodeB et RNC et peuvent utiliser certaines fonctionnalités selon les capacités de leurs terminaux.

Node B
Les limitations au niveau NodeB sont comme suit :
- Nombre de CE pour R99
- Nombre de Code HSPA
- Nombre users HSPA par cellule
- Iub avec son débit
- Puissance d'émission

RNC
Ci-dessous la capacité permise par les RNC actuellement déployés:
- Capacité en Throuphput par RNC
- Nombre de site par RNC

<u>Nœud core PS</u>

Ci-dessous la capacité permise par les nœuds Core PS actuellement déployés:

- Capacité en Throuphput GGSN
- SAU et PDP pour SGSN

<u>Internet</u>

La capacité de la bande passante internationale dédiée à l'internet est revue à la hausse en fonction du trafic.

La limitation du débit pourrait provenir des serveurs distants qui limitent la bande passante par accès.

Les utilisateurs utilisent généralement des logiciels d'accélération de téléchargement qui utilisent plusieurs requêtes vers le même serveur.

Parmi la succession de facteurs de limitation qui peuvent subvenir sur la chaine des flux Data dans le réseau mobile, la partie accès node B est la plus difficilement surmontable **« principes et limites de la densification radio »** traités ci-haut). Les autres facteurs de limitations peuvent faire l'objet d'un redimensionnement pour rencontrer les impératifs de trafic et de signalisation.

Ainsi et en analysant les différents éléments de la chaine, on remarque que dans certains cas et surtout avec l'augmentation de nombre d'utilisateurs et du trafic data la solution de densification prouve ses limites et il faut alors trouver des solutions complémentaires et d'appoint pour alléger le réseau 3G notamment en accès.

Chapitre 2

Réseau WI-FI, Normes, Sécurité, Authentification

Après un premier chapitre dédié à l'étude du réseau UMTS et notamment l'aspect de qualité de service et les indicateurs clefs de performance ainsi que les facteurs de limitations qui peuvent subvenir sur la chaine des flux Data dans le réseau mobile.

Ce deuxième chapitre intitulé « réseau wi-fi, normes, sécurité, authentification» présente l'architecture cellulaire du réseau wifi, sa structure en couches ainsi que les différents modes de mise en réseau et les normes 802.11x avec leurs spécifications techniques tels que le débit et la fréquence Il présente aussi l'aspect sécurité dans un réseau wifi que ca soit au niveau des bornes, équipements, protocole ainsi que les différents mécanismes pour la gestion des interférences, les différents normes émergentes à base des réseaux wifi, et en fin les technologies de Backhauling et la pile protocolaire EAP avec ses différentes variantes pour l'authentification dans un environnement wifi

1. Définition WI-FI

Wi-Fi (Wireless Fidelity) est un ensemble de protocoles de communication sans fil régis par les normes du groupe IEEE 802.11.

Un réseau Wi-fi permet de relier sans fil plusieurs appareils (ordinateur, routeur, décodeur Internet, etc.) entre eux afin de permettre la transmission de données.

2. Structure en couches

La norme 802.11 s'attache à définir les couches basses du modèle OSI pour une liaison sans fil utilisant des ondes électromagnétiques, c'est-à-dire:

- **La couche physique** (notée parfois couche PHY), proposant trois types de codage de l'information ;
- **La couche liaison de données**, constituée de deux sous-couches :
    - le contrôle de la liaison logique (Logical Link Control, ou LLC) ;
    - le contrôle d'accès au support (Media Access Control, ou MAC).

La couche physique définit la modulation de sondes radioélectriques et les caractéristiques de la signalisation pour la transmission de données, tandis que la couche liaison de données définit l'interface entre le bus de la machine et la couche physique, notamment une méthode d'accès proche de celle utilisée dans le standard Ethernet et les règles de communication entre les différentes stations.

La norme 802.11 propose donc en réalité trois couches (une couche physique appelée PHY et deux sous-couches relatives à la couche liaison de données du modèle OSI), définissant des modes de transmission alternatifs que l'on peut représenter de la manière suivante

Couche liaison de données	802.2 (LLC)
	802.11(MAC)
Couche physique	DSSS
(PHY)	FHSS
	Infrarouges

3. Architecture cellulaire

WI-FI est fondé sur une architecture cellulaire. Cette architecture peut s'apparenter à celle utilisée dans la téléphonie mobile, ou des téléphones mobiles utilisent des stations de base pour communiquer entre eux.

Un réseau WI-FI est composé d'un ou plusieurs points d'accès, auquel un certain nombre de station de bases équipées de cartes WI-FI s'associent pour s'échanger des données. Le rôle du point d'accès consiste à unifier le réseau et à servir de pont entre les stations du réseau et un réseau extérieur.

La taille de réseau dépend de la zone de couverture du point d'accès, aussi appelé cellule.
Cette zone peut varier, car le fait d'utiliser les ondes radio ne permet pas de couvrir constamment une même zone .Un grand nombre de facteur peuvent varier la taille de zone de couverture du point d'accès, tels les obstacles, les murs ou personnes situés dans l'environnement ou les interférences liées à des équipements sans fils utilisant les mêmes fréquences ou encore la puissance du signal.

Cette unique cellule constitue l'architecture de base de WI-FI, appelée BSS (Basic Service Set), ou ensemble de service de base.

Dans cette architecture, il existe deux types de topologies :
• Modes d'architectures définis par la norme 802.11 ;
• Modes de fonctionnements spécifiques.

4. Modes de mise en réseau

Mode infrastructure	Mode ad hoc	Mode bridge	Mode répéteur
Le mode Infrastructure est un mode de fonctionnement qui permet de connecter les ordinateurs équipés d'une carte Wi-Fi entre eux via un ou plusieurs points d'accès (PA) qui agissent comme des concentrateurs Dans ce cas, la mise en	Le mode « Ad-Hoc » est un mode de fonctionnement qui permet de connecter directement les ordinateurs équipés d'une carte Wi-Fi, sans utiliser un matériel tiers tel qu'un point d'accès	Un point d'accès en mode pont sert à connecter un ou plusieurs points d'accès entre eux pour étendre un réseau filaire. La connexion se fait au niveau de la couche 2OSI. Un point d'accès doit	Un point d'accès en mode « Répéteur » permet de répéter un signal Wi-Fi plus loin. Un répéteur a également une tendance à diminuer le débit de la connexion.

place d'un tel réseau oblige de poser à intervalles réguliers des bornes «Point d'accès»(PA) dans la zone qui doit être couverte par le réseau.	La mise en place d'un tel réseau se borne à configurer les machines en mode ad hoc (au lieu du mode Infrastructure), la sélection d'un canal (fréquence), d'un nom de réseau (SSID) communs à tous et si nécessaire d'une clé de chiffrement.	fonctionner en mode racine « root bridge » (généralement celui qui distribue l'accès Internet) et les autres s'y connectent en mode « bridge » pour ensuite retransmettre la connexion sur leur interface Ethernet	En effet, son antenne doit recevoir un signal et le retransmettre par la même interface ce qui en théorie divise le débit par deux.

5. Les différentes normes WI-FI

La norme IEEE 802.11 est en réalité la norme initiale offrant des débits de 1 ou2Mbit/s. Des révisions ont été apportées à la norme originale afin d'améliorer le débit (802.11a, 802.11b, 802.11g et 802.11n), appelées normes 802.11 physiques) ou de spécifier des détails de sécurité ou d'interopérabilité.

Le standard 802.11 a été amélioré à plusieurs reprises depuis son approbation par l'IEEE. Ces améliorations sont désignées comme étant des amendements au standard initial, et leur rédaction est gérée et validée par l'IEEE. Leur application est la technologie Wi-Fi qui s'appuie sur ces spécifications. Les principaux amendements faisant application, et qui modifient de manière significative les techniques de transmission utilisées (couche PHY), sont les suivants :

Protocole	Fréquence	Taux de transfert (TYP)	Taux de transfert(Max)
802.11a	5.15-5.35/5.47-5.725/5.725-5.875 GHz	25 Mbit/s	54 Mbit/s
802.11b	2.4-2.5 GHz	6.5 Mbit/s	11 Mbit/s
802.11g	2.4-2.5 GHz	25 Mbit/s	54 Mbit/s
802.11n	2.4 GHz ou 5 GHz	200 Mbit/s	540 Mbit/s
802.11y	3.7 GHz	23 Mbit/s	54 Mbit/s

D'autres amendements qui concernent principalement la couche MAC du standard ont aussi été validés :

Amendement	Description
802.11d	Permet la récupération dynamique des contraintes de transmissions (puissance max, canaux autorisés) en fonction des régulations locales.
802.11h	Décrit des mécanismes permettant de mesurer et d'abandonner les canaux afin de respecter leurs conditions d'utilisations locales (notamment

	nécessaires pour l'utilisation de la bande ISM à 5 GHz en Europe).
802.11i	Ajoute des mécanismes d'identification et de chiffrement des données, afin de remplacer l'algorithme initial WEP de la norme 802.11 qui est obsolète.
802.11j	Décrit les modifications nécessaires à l'utilisation des bandes de fréquences à 4.9 GHz et 5 GHz en conformité avec la régulation japonaise.
802.11e	Ajoute des mécanismes de QoS dans les réseaux 802.11.

6. Usage wi-fi

Le Wi-Fi ouvre la porte à plusieurs applications pratiques, telles que l'utilisation dans le cadre des hotspots,

Les utilisateurs des hotspots peuvent se connecter dans des cafés, des hôtels, des aéroports, etc, et accéder à Internet mais aussi bénéficier de tous les services liés à Internet (Web, courrier électronique, réseaux sociaux ,téléphonie (VoIP),téléchargements, etc.).

Les hotspots Wi-Fi contribuent à constituer ce que l'on peut appeler un Réseau Pervasif. Le Réseau Pervasif est un réseau dans lequel nous sommes connectés, partout, tout le temps si nous le voulons, par l'intermédiaire de nos objets communicants classiques (ordinateurs, PDA, téléphones)

En parallèle des accès classiques de type hotspot, le Wi-Fi peut être utilisé pour la technologie de dernier kilomètre (last mile) dans les zones rurales, couplé à des technologies de collecte de type satellite, fibre optique, Wimax ou liaison louée.

Les opérateurs de téléphonie mobile travaillent sur des solutions permettant aux téléphones mobiles d'utiliser de façon transparente pour l'utilisateur les relais WI-FI disponibles à proximité, qu'il s'agisse de nouvelles versions de hot-spot, de terminaux fixes (box) des abonnés du fournisseur, voire dans le cadre d'une interopérabilité entre fournisseurs. L'objectif prévu vise à faciliter l'accès à l'internet mobile, et à décongestionner la bande passante utilisée par les protocoles3G et4G.

7. Sécurité

Installer un réseau sans fil sans le sécuriser peut permettre à des personnes non autorisées d'écouter et d'accéder à ce réseau. Il est donc indispensable de sécuriser les réseaux sans fil dès leur installation. Il est possible de sécuriser le réseau de façon plus ou moins forte selon les objectifs de sécurité et les ressources que l'on y accorde.

7 .1 Sécurité des bornes

Supprimer la configuration par défaut des points d'accès est une première étape dans la sécurisation d'un réseau sans fil. Pour cela il est nécessaire de :

- Modifier la clef WEP et l'identifiant réseau (SSID) installés par défaut ;
- Désactiver les services d'administration disponibles sur l'interface sans fil ;
- Régler la puissance d'émission des points d'accès au minimum nécessaire (cette condition n'empêche pas un utilisateur mal intentionné muni d'un matériel spécifique d'écouter le réseau à distance).

Pour augmenter la sécurité il est également possible sur certains équipements de filtrer les adresses MAC ayant le droit de communiquer avec le point d'accès. Cette liste devra être reproduite sur chaque point d'accès du réseau sans fil si l'on désire garder toute la mobilité du réseau. Malgré cela, il sera toujours possible à un utilisateur mal intentionné de récupérer le trafic échangé entre deux machines, voire de simuler une adresse MAC interceptée, si celui-ci se trouve dans le périmètre du réseau.

7.2 Sécurité des équipements

La norme 802.11i vient pour permettre de remédier à quelques un des problèmes de sécurité que peuvent présenté les normes 802.11b et les autres normes 802.11. La norme 802.11i compatible avec la norme 802.11b comprend le protocole TKIP (Temporal Key Integrity Protocol). Les points forts de ce protocole sont :

- Des clefs WEP (Wired Equivalent Privacy) dynamiques différentes à chaque session.
- Des vecteurs d'initialisation sur 48 bits générés avec des règles définies.
- Le contrôle d'intégrité sur les données et les en-têtes est effectué par l'algorithme MIC(Message Integrity Code).

Des équipements utilisant ce protocole sont déjà présents sur le marché (point d'accès et cartes WI-FI)

7.3 Sécurité sur le protocole

Même si le chiffrement au niveau liaison (le WEP) de la norme 802.11b présente des faiblesses structurelles, il est nécessaire de l'utiliser en l'associant à des moyens supplémentaires permettant d'authentifier l'utilisateur sur le réseau comme par exemple la mise en place d'un réseau privé virtuel.

L'accès sans fil aux réseaux locaux rend nécessaire l'élaboration d'une politique de sécurité dans les entreprises et chez les particuliers.

Depuis l'adoption du standard 802.11i, on peut raisonnablement parler d'accès réseau sans fil sécurisé.

En l'absence de 802.11i, on peut utiliser un tunnel chiffré (VPN) pour se raccorder au réseau de son entreprise sans risque d'écoute ou de modification.

D'autres méthodes de sécurisation existent, avec, par exemple, un serveur Radius chargé de gérer les accès par nom d'utilisateur et mot de passe.

8. Cohabitation et gestion des interférences

Le spectre 2400 à 2450 MHz (canaux 1 à 8) est partagé avec les <u>radioamateurs</u>, ce qui peut éventuellement handicaper l'exploitation du Wi-Fi, ces derniers disposant d'un droit d'usage prioritaire mais surtout à des puissances plus élevées, de l'ordre de quelques dizaines de watts (120wattsau maximum) .

Les canaux 1, 5, 9 et 13 sont utilisés par les <u>transmetteurs</u> et les <u>caméras sans fil</u> analogiques et depuis peu numériques. La fréquence 2,450 GHz est celle des <u>fours à micro-ondes</u> perturbant plus ou moins les canaux Wi-Fi 9 et 10.

Afin d'éviter les interférences avec les utilisateurs voisins de réseaux sans fil, il faut analyser l'occupation du spectre, et s'en tenir à la règle de base suivante : laisser au moins 3 canaux vides entre les voisins et celui que l'on veut utiliser. Ainsi en Europe, la méthode permettant d'utiliser au mieux le spectre sans créer d'interférences consiste à utiliser les canaux 1 - 5 - 9 - 13, sachant que ces canaux sont exploités en analogie et numérique par d'autres applications.

9. Norme Hotspot 2.0

Hotspot 2.0 aussi connu sous HS2 et Wi-Fi certified Passpoint, est une nouvelle approche de l'accès public Wi-Fi par Wi-Fi Alliance.

La norme Hotspot 2.0 permettra au client d'accéder automatiquement au WI-FI lorsque l'utilisateur franchit une zone hotspot 2.0 de n'importe quel opérateur (après une première authentification), à condition qu'il y ait des accords d'itinérance entre eux, ce qui va pousser les opérateurs à signer ces accords.

Le but est de fournir une meilleure bande passante et des services à la demande pour les utilisateurs finaux, tout en atténuant également les infrastructures d'opérateur mobile des frais généraux de circulation.

Un accès 2.0 est basé sur la norme IEEE 802.11u, ce qui est un nouvel ensemble de protocoles pour permettre l'itinérance du type cellulaire. Si l'appareil prend en charge 802.11u et est abonnée à un service Hotspot 2.0, il se connecte automatiquement et en se déplaçant.

<u>Appareils supportant la norme Hotspot 2.0 :</u>

Quelques Samsung Galaxy Smartphones

Quelques tablettes chinoises

10. WI-FI communautaire

Le principe du « WI-FI communautaire » est que l'abonné partage sa connexion Internet, en transformant sa box en Hotspot public, ce qui lui permet en retour d'accéder à Internet au travers des box d'autres abonnés, mais aussi des milliers de hotspots installés par son opérateur dans les lieux publics.

Les identifiants à utiliser sont ceux du compte de messagerie, c'est-à-dire l'adresse email et son mot de passe.

La plupart des opérateurs choisissent d'activer automatiquement le WI-FI partagé, sans intervention de l'abonné, dans l'optique de constituer rapidement un réseau communautaire conséquent, en particulier avec le parc d'abonnés probablement le moins technophile du marché. L'acceptation de conditions générales d'utilisation est requise, mais il semble que ce soit seulement pour pouvoir accéder aux hotspots d'autres abonnés.

L'abonné est quoi qu'il en soit alerté par email lors du déploiement du service sur sa box, qu'il peut désactiver s'il le souhaite, perdant naturellement le bénéfice du service.

Le trafic de l'abonné reste prioritaire, et le nombre des utilisateurs visiteurs restent limités et Chacun de ces utilisateurs se verra attribuer une adresse IP publique différente, et différente de celle de l'abonné, qui ne saurait donc être inquiété lors d'une éventuelle utilisation de sa connexion pour du téléchargement illégal.

Les Opérateurs qui ont déjà intégré les WI-FI-communautaire dans leurs réseaux:

Plusieurs opérateurs ont déjà lancé leurs réseaux WI-FI-communautaires :

- Orange
- Bouygues Telecom
- SFR
- L'Américain ATT
- China mobile

Plusieurs opérateurs mondiales on signé des accords pour joindre leurs réseaux communautaires et permettre à leur abonnés de rester connectés là où ils sont.

11. Le réseau Backhaul

Le Backhauling consiste à raccorder des équipements d'accès, effectuant de la concentration ou du multiplexage, et donc spécifiques des services délivrés, à des équipements d'agrégation dans le but d'atteindre le réseau dorsal.

Le réseau backhaul peut être découpé en deux partie : le backhaul accès et le backhaul d'agrégation
Les liaisons du réseau Backhaul peuvent être en fibre optique, en cuivre ou supportées par des faisceaux hertziens et ces réseaux peuvent avoir une topologie point-à-point, maillée ou en anneau.

Les technologies du Backhaul d'accès

Il existe différents types de Backhaul d'accès :

- XDSL
- XPON
- Réseau micro-ondes
- Fibre optique

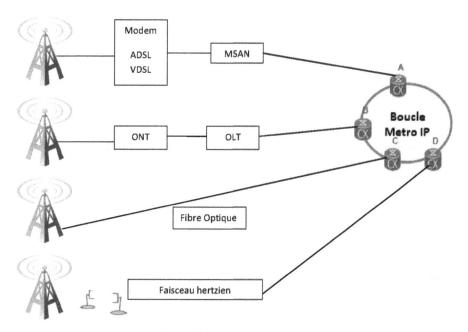

Figure 11 : Architecture d'un réseau backhaul

12. Découverte des contrôleurs

Le point d'accès se rattache au contrôleur de gestion en deux étapes :

1. Etablissement d'une liste de candidats:
- Découverte par broadcast sur le réseau local
- DHCP (champ TLV dans la réponse DHCP)
- Requête DNS

2. Sélection parmi cette liste
- Contact de chaque contrôleur (unicast) pour récupérer le statut
- Requête d'enregistrement «JOIN », fonction de plusieurs critères (dont la charge en AP)

13. Contrôleur

Le WLC (Wireless Lan Controller), est le cerveau de l'architecture centralisée il fait plusieurs tâches :

Pilote les bornes:
- Gestion des versions logicielles et configurations
- Politiques de sécurité
- Gestion des RF

- QoS

Fonctionnalités avancées:

- Mobilité
- Cache DHCP/RADIUS

Point de sortie de tout le trafic LWAPP client.

14. Serveur de gestion

Le serveur de gestion WCS ((Wireless Control System) se place au-dessus des contrôleurs, il assure l'administration depuis un point unique et il peut gérer tout contrôleur joignable par IP, il dispose d'une interface web sur laquelle on peut définir des templates de configuration, applicables aux contrôleurs et aux points d'accès :

- SSID
- Interfaces (VLAN, adresse), politique sans-fil (802.11 a/b/g/n)
- Serveurs DHCP, RADIUS

Le serveur WCS offre l'avantage de la facilité d'administration.

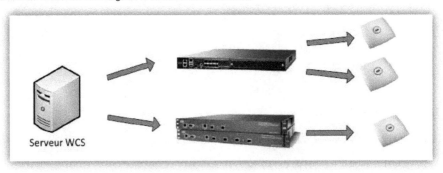

15. Gestion automatique des RF

La solution centralisée offre la visibilité sur un ensemble de points d'accès ainsi que :

- Auto-configuration des paramètres RF (fréquence, puissance)
- Ajustement en temps réel (réponse aux pannes ou interférences)
- Equilibrage de charge pour les clients

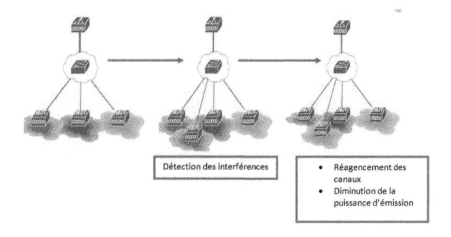

Figure 12: Réagencement automatique RF

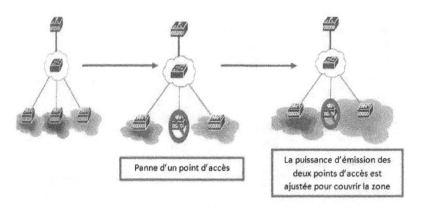

Figure 13: Ajustement automatique RF

16. Protocole d'échange CAPWAP (Control and Provisioning of Wireless Access Points):

CAPWAP est l'abréviation de (Control And Provisioning of Wireless Access Points). La spécification du protocole est décrite dans le RFC 5415 et extension IEEE 802.11 est fournie dans la RFC 5416 et est basée sur LWAPP (Light weight Protocole de point d'accès).

CAPWAP est un protocole standard et interopérable qui permet à un contrôleur de gérer une collection de points d'accès sans fil, et utilise les ports UDP 5246 (canal de contrôle) et 5247 (canal de données).

Ce protocole différencie entre le trafic de données et le trafic de contrôle. Toutefois, seuls les messages de contrôle sont transmis dans un tunnel DTLS. Les éditeurs affirment qu'un canal de données non chiffrées n'est pas une menace pour la sécurité, parce que le full IPsec est disponible.

D'autres alternatives pour que CAPWAP soit sécurisé, en profitant de la sécurité offerte par le cryptage complet et l'authentification requise entre le contrôleur et AP. Cela présente des inconvénients, vu que les points d'accès et les contrôleurs doivent être préconfigurés en vue de s'associer les uns aux autres.

Des listes de contrôle d'accès sont également mises en place pour prévenir les contrôleurs CAPWAP de l'intrusion de points d'accès non associés.

17. Points d'accès

Les points d'accès doivent disposer d'un ensemble de fonctionnalités afin d'assurer une bonne utilisation et optimisation de l'environnement RF :

Le MIMO – Beamforming : on utilise le réseau d'antenne MIMO pour orienter et contrôler le faisceau d'ondes radio on peut ainsi créer des lobes constructifs / destructifs et optimiser une transmission entre l'émetteur et la cible.

Le Beam-forming fait référence à l'utilisation d'un réseau d'antenne émettrice pour former des faisceaux dirigés vers une direction donnée, Le faisceau de gain maximal peut être à la réception ou à l'émission, il appartient au domaine d'antennes intelligentes qui peuvent s'adapter à chaque utilisateur.

Les techniques de beam-forming permettent à la fois d'étendre une couverture radio et de limiter les interférences entre utilisateurs et la pollution électromagnétique environnante (en ciblant le récepteur visé)

MIMO est principalement utilisé dans les normes : WI-FI (IEEE 802.11n)
- Les points d'accès dotés de la technologie MIMO- beamforming assure une bonne gestion de des ressources radio ainsi il fournit une puissance bien adaptée au client et améliore le débit et la couverture du réseau.
- Les points d'accès intelligents qui surveille l'environnement radio et localise la ou il ya des interférences et reconfigure les réseaux pour les éviter.
- Le basculement entre les bandes 2.4 GHZ et 5 GHZ lorsque la première et congestionnée.

- Gestion de la QOS

18. Protocoles d'authentification

EAP est une pile de protocoles :

- Un protocole : au sens réseau c'est-à-dire qu'il est constitué d'un échange de trames dans un format spécifique à EAP
- extensible : quelques méthodes d'authentification sont prédéfinies (MD5, OTP,...) mais d'autres peuvent être ajoutées sans qu'il soit nécessaire de changer le protocole réseau ou pire d'en définir un nouveau

Les protocoles les plus connues dans la pile EAP sont :

EAP-SIM	EAP-AKA	EAP-TTLS
EAP-SIM est une méthode EAP pour les clients des réseaux de téléphonie mobile GSM, UMTS et LTE. Il est utilisé pour l'identification et la distribution de clefs au travers des réseaux (GSM). Ce protocole est utilisé pour l'Offload via WI-FI. L'EAP SIM est supporté sur iOS et Blackberry, et pas sur la totalité de l'androide. Sur Android et afin de vérifier si un terminal supporte le EAP-SIM ou non, Il faudra activer le Wi-Fi sur le terminal, ouvrir les Paramètres Wi-Fi, ajoutez ensuite un nouveau réseau Wi-Fi et sélectionnez, pour le type de sécurité, 802.1x EAP. Si le terminal vous propose dans la section "méthode EAP" la méthode "SIM", c'est qu'il supporte l'EAP SIM.	EAP-AKA (Authentication and Key Agreement) est une méthode EAP pour les clients des réseaux de téléphonie mobile de 3ème génération (UMTS et CDMA2000). Contrairement à EAP-SIM, EAP-AKA permet de réaliser une authentification mutuelle de l'équipement utilisateur et du réseau. La longueur de la clé générée par accord mutuel est plus longue (128 bits) qu'avec EAP-SIM (64 bits). Ce protocole est principalement employé dans les cadres suivants: - Authentification lors de l'attachement à un réseau de téléphonie mobile de 3ème génération. - Authentification service dans une architecture de type IMS. - Réutilisation des éléments d'authentification du réseau mobile lors de l'attachement à un réseau sans fil qui appartient à l'opérateur.	EAP-Tunneled Transport Layer Security, a été codéveloppé par Funk Software et Certicom ; c'est également un standard ouvert IETF. Il est supporté sur de nombreuses plates-formes, et offre un très bon niveau de sécurité. Il utilise des certificats X-509 uniquement sur le serveur d'identification. Le certificat est optionnel du côté client. Le défaut de EAP-TTLS par rapport à PEAP est de ne pas être présent nativement sur les systèmes Microsoft et Cisco. En revanche, il est légèrement plus sécurisé que LEAP car il ne diffuse pas le nom de l'utilisateur en clair.

Chapitre 3

Contexte réglementaire du Wifi_offload

Après un deuxième chapitre consacré à positionner le contexte technologique du wifi, en explicitant les différentes normes 802.11x, les tendances technologiques à base du wifi tel que le wifi communautaire, sans oublier l'aspect sécurité qui représente le maillon faible des réseaux sans fil.

Ce Troisième chapitre, se focalise sur le contexte réglementaire de la solution de décharge des réseaux mobiles 3G à base du wifi au niveau national en présentant la décision de l'ANRT(Agence Nationale de Réglementation des Télécommunications) qui définit les conditions d'installation et d'exploitation des réseaux Wi-fi outdoor par les exploitants de réseaux publics de télécommunications terrestres autorisés à fournir des services de télécommunications fixes et mobiles au Maroc .Ainsi au niveau international en faisant du benchmark avec ce qui se fait à l'International

1. Contexte réglementaire Marocain (ANRT)

Dans le contexte Marocain, l'ANRT a publié une décision pour fixer les conditions d'installation et d'exploitation des réseaux WI-FI outdoor par les exploitants de réseaux publics de télécommunications terrestres autorisés à fournir des services de télécommunications fixes et mobiles au maroc

Décision de l'ANRT fixant les conditions d'installation et d'exploitation des réseaux WI-FI outdoor au Maroc :

Objet de la décision: fixer les conditions d'installation et d'exploitation des réseaux WI-FI outdoor par les exploitants de réseaux publics de télécommunications terrestres autorisés à fournir des services de télécommunications fixes et mobiles au maroc

Conditions d'utilisation de la bande de fréquences d'exploitation des réseaux WI-FI outdoor: les réseaux WI-FI outdoor sont exploités librement dans les conditions suivantes

Seuls les exploitants des réseaux publics de télécommunications terrestres autorisés à fournir des services de télécommunications fixes et mobiles ayant payé la contrepartie financière fixée par l'ANRT, dans le cadre de réaménagement de la bande [2400-2483,5]MHZ, auront droit à l'établissement et à l'exploitation de réseaux WI-FI outdoor.

Conditions techniques d'installation et d'exploitation de réseaux WI-FI outdoor: les réseaux WI-FI outdoor doivent être exploités avec les normes techniques 802.11 b/g/n et des niveaux de puissance maximum de 500 mw. l'exploitation de nouvelles normes techniques, y compris de nouvelles version de 802.11 , et des niveaux de puissances supérieurs à 5OO mw est assujettie à l'accord préalable de l'ANRT.

La bande [2400-2483,5]MHZ est ouverte à une exploitation commune et partagée , sans assignation de canaux de fréquences spécifiques entre les exploitants de réseaux publics de télécommunications terrestres concernés. Ainsi les exploitants de réseaux WI-FI outdoor doivent déployer les techniques de partage de la bande de fréquences, notamment la mise en œuvre de la sélection dynamique du canal ACS (Automatic canal selection), qui permet de surveiller passivement les renvois de paquets , les erreurs de transmission et les interférences radio sur les autres canaux.

Pour assurer la sécurisation des réseaux, les réseaux WI-FI installés par chaque exploitant devront permettre au minimum les fonctionnalités suivantes:

- Authentification des utilisateurs

- Confidentialité et protection des données

- Intégrité et protection contre les attaques d'intrusion sur les clients WI-FI

- Les exploitants doivent prévoir la mise en œuvre des solutions techniques nécessaires au niveau de leurs réseaux, une fois que la technologie d'interopérabilité entre les réseaux WI-FI et les réseaux 2G/3G/4G sera mûre sur le marché mondial.

  Ainsi, les solutions adoptées par les exploitants doivent prévoir au minimum les fonctionnalités suivantes:

- L'authentification basée sur la carte SIM du client de l'opérateur de manière transparente

- La transition du mobile 3G au WI-FI et vice –versa, sans coupure en maintenant la continuité du trafic indépendamment de l'application

- Le maintien simultané de communications mobile / WI-FI

2. Contexte réglementaire international

Au niveau international les réglementations techniques applicables aux dispositifs De radiocommunication à courte portée selon les pays sont :

Chine

Equipement F (à l'exclusion du téléphone numérique sans cordon, des dispositifs Bluetooth et des dispositifs WLAN):

Bande de fréquences de fonctionnement (MHz):   2 400 à 2 483,5

Limite de la puissance rayonnée: 10 mW (p.i.r.e.)

Tolérance en fréquence: 75 kHz

Emirats arabes unis

Plage de fréquences	Niveau max de la puissance rayonnée ou du champ magnétique	Notes relatives aux applications
2 400-2 500 MHz	100 mW	Non spécifiques

Ukraine

Bandes de fréquences	Principaux paramètres techniques et notes
2 400,0-2 483,5 MHz	p.i.r.e. maximale de 100 mW (pour la modulation DSSS) en cas d'utilisation d'antennes intégrées. Pour la modulation FHSS, p.i.r.e. maximale de 500 mW en cas d'utilisation d'antennes intégrées. Les équipements conformes à la norme IEEE 802.11n ne doivent être utilisés qu'à l'intérieur. La p.i.r.e. totale de toutes les stations de base conformes à la norme IEEE 802.11n installées dans une même pièce doit être inférieure à 100 mW.

Source : Rapport UIT-R SM.2153

Chapitre 4

Architecture Wifi-offload

Etant donné les contextes technologiques et réglementaires favorables du wifi, ce chapitre S'attardera sur les différents types d'architectures susceptibles d'être mise en œuvre, Chacune répond à des contraintes particulières et offre une flexibilité donnée et Les critères de choix sont cités et parfois des recommandations sont émises.

1. Architecture WI-FI-offload high level

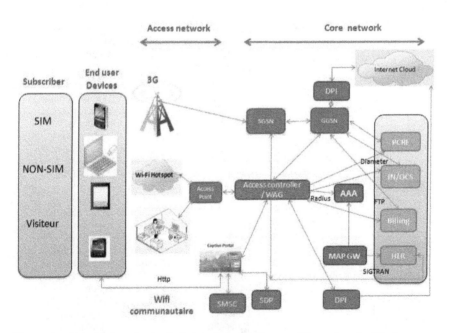

NB : certains connecteurs sont redondants, tous les connecteurs possibles sont sur l'architecture

Elément de l'architecture	Fonctionnalité
Access controller /WAG	Access controller : Contrôleur d'accès permet de gérer l'accès au réseau wifi en appliquant des règles.
	WAG: la Wireless Gateway est l'équipement intercalaire entre le monde Wireless et le monde Wifi, elle intègre un proxy radius et fournit des fonctionnalités de routage. ce routage peut être basé sur le trusted et l'untrusted origine des AP dans le cas ou l'intégration est très poussée en accès. la WAG peut intégrer d'autre fonctionnalité telle que le SGSN, GGSN, DPI, ... et ce selon les possibilités de la PF matérielle et les choix de l'équipementier qui la fournit
AAA	AAA est un modèle de sécurité qui assure trois fonctions l'authentification, l'autorisation, et la traçabilité
Portail captif	Le portail captif est une PF sur laquelle sont routés les clients voulant se connecter et qui ne sont pas directement authentifiés.
	Le portail captif s'intègre ainsi sur le Core WIFI et est doté d'interface simplificatrice pour autoriser les accès, et en backgroud, est connecté vers des PF de management de voucher et code de recharge et peut être intégré avec des PF de clients tels que les hôtels/ etc ...
MAP Gateway	Map gateway permet une traduction radius-MAP pour l'authentification EAP et SIM de manière transparente, de telle façon qu'un l'utilisateur puisse faire une authentification SIM à travers un serveur radius.
DPI	Deep Packet Inspection (DPI), est l'équipement/fonction responsable d'analyser et d'inspecter le contenu (au-delà de l'en-tête) d'un paquet réseau de façon à en tirer des statistiques, à filtrer ceux-ci ou à détecter des intrusions, du spam ou tout autre contenu prédéfini.
SDP	SDP 'Service Delivery Platform' ou parfois dite MSDP ou M fait référence à Mobile est un ensemble de fonctionnalités permettant la fluidification de la création de nouveaux services.
	Ce concept de PF diffère d'un équipementier à un autre dans le développement qu'il en fait. les services peuvent être de voix, data et

	multimédia.
	dans le contexte Wifi-offload, cette PF est utilisée pour avoir les autorisations sur un enabler DB pour les clients ne disposant pas de possibilité d'EAPSIM lorsqu'ils souhaitent l'utiliser: l'authentification est léguée à la SDP (qui peut être seulement une BDD) avant de générer automatiquement un SMS avec mot de passe à usage unique
SMSC	Un SMSC permet de gérer le transfert de messages SMS entre téléphones mobiles mais aussi entre une PF connecté via un protocole standard au SMSC et des téléphones. Dans ce cas, le SMSC joue le rôle de« passerelle » entre le réseau IP et le réseau mobile. En particulier, un serveur peut y accéder par connexion Internet TCP afin d'envoyer des SMS vers des numéros MSISDN de destination.
SGSN	Le SGSN (Serving GPRS Support Node) est une passerelle permettant l'acheminement des données dans les réseaux mobiles GSM,GPRS, EDGE et UMTS. Il gère l'interface avec le réseau de paquets externe via une autre passerelle
GGSN	Le GGSN(Gateway GPRS Support Node) pour les appels sortants (chaque GGSN est identifié par l'Acces Point Name fournie dans la demande d'activation du mobile) et vers la station mobile pour les appels entrants. Il maintient les informations identifiant l'abonné et les services utilisés. Il contrôle la localisation du mobile sur une « Routing Area »
PCRF	C'est le nœud responsable de la définition de la politique à appliquer client par client. De ce fait ce nœud est provisionné. L'intégration qui en est faite avec le GGSN et la DPI (PCEF) font de sorte à ce que cette politique soit appliquée sur le nœud ou les nœuds d'intégration.
HLR	Il s'agit de la base de données centrale d'un opérateur de réseau mobile, comportant les informations relatives à tout abonné autorisé à utiliser ce réseau GSM ou EDGE. Afin que les données soient cohérentes sur l'ensemble du réseau, c'est elle qui sert de référence aux autres bases de données locales, les « VLR ».
Billing	Entité de taxation pour les abonnés postpayés

	au biais de compteurs CDR (call data record).
IN /OCS	Entité de taxation pour des utilisateurs de profil prépayé.

2. Intégration avec HLR

L'authentification EAP-SIM initié sur l'accès Wifi se termine normalement sur le HLR. Cette intégration passe via un serveur AAA qui est le point d'authentification naturel. Le triple AAA relaie la demande d'authentification au HLR via une MAP Gateway qui se charge de la translation.

Dans un réseau d'offload wifi, la couverture WIFI génère des demandes d'authentification importantes. Ces demandes, sur une base d'une zone contigüe, sont de l'ordre de 1 demande toutes les 2 minutes par utilisateurs servi.

La question de réutilisation de AAA existant versus un AAA dédiée se pose :

2 .1 AAA dédié WI-FI

L'opérateur possède déjà un serveur AAA pour l'authentification des utilisateurs xDSL, xPON, ou autre alors on peut mettre en place un autre serveur AAA pour l'authentification des utilisateurs wifi. Mais dans ce cas le paramètre de décision est lié au coût d'extension du AAA existant + MAP GW à comparer avec une nouvelle acquisition.

2.2 AAA partagé

Si l'on choisit de garder le même AAA existant, on aura à traiter du redimensionnement de ce AAA et à l'ajout d'une MAP Gateway.

Il a été recommandé d'opter pour un AAA dédié pour le Wifi Offload intégrant une passerelle MAP.

2.3 Impact HLR

Le surplus des requêtes d'authentification vers le HLR est une autre contrainte à adresser. Le HLR étant très sensible dans un réseau Mobile, il est protégé par l'existence de VLR et SLR. Une des recommandations faites et de prospecter la possibilité de Caching au niveau du WAG/WIC pour éviter de relancer la requête vers le HLR à chaque fois que c'est requis pour un même utilisateur.

Dans ce cas, l'option Caching est pertinente à adresser dans le choix WAG/WIC. La comparaison Caching du profil versus capacité AAA et HLR est à étudier en parallèle avec les coûts engendrés.

La fixation de la durée du Caching doit permettre que l'information soit toujours pertinente sur le Cache, et aussi de telle façon d'avoir une diminution acceptable sur le nombre de requête.

3. Intégration avec PS et discussion des éléments dimensionnants

3.1 Passer par le PS pour capitaliser sur les intégrations déjà faites

Le trafic à l'arrivée au Core Wifi peut être routé vers le Core PS. Dans ce cas, le core Wifi, vis-à-vis du PS, agit en tant qu'un nouveau SGSN. L'intégration se fait via l'échange avec interface standards SGSN <-> GGSN.

L'intérêt dans cette configuration est de capitaliser sur les intégrations déjà réalisée (Schéma d'illustration).

Ces intégrations sont principalement : l'intégration PCRF – GGSN et GGSN-IN. Un client Mobile est reconnu ainsi en tant que tel quel que soit l'accès qu'il empreinte que ce soit 3G ou Wifi.

La PCRF peut ainsi être dotée de politique convergente Wifi-3G : des offres conditionnées mutuellement par un comportement 3G et/ou Wifi peuvent être paramétrée.

Mais cette flexibilité dépend de la reconnaissance du trafic Wifi sur les différents nœuds : le GGSN et la PCRF doivent être Wifi Aware pour reconnaitre le trafic Wifi. Les paramètres usuellement utilisés sont : RAT TYPE, NBAP et adressage IP.

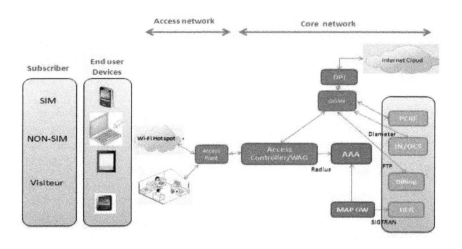

3.2 Breakout sans passer par le PS

Un deuxième choix est de passer directement du Core Wifi vers Internet. Ce choix, au contraire du premier choix, évite le passage par le Core PS. La motivation est de ne pas avoir à surcharger davantage le core PS si celui-ci est à la limite. La surcharge provient du fait que le trafic Offload est supposé être important vu la nature de l'accès (wifi) et celui du backhauling qui lui a été mis en place.

Dans cette configuration, le core Wifi peut être configuré pour se substituer au core PS. En effet, la technologie offre cette possibilité chez certains équipementiers et dans le cas où l'opérateur décide d'implémenter des politiques de contrôle et de taxation, des intégrations sont nécessaires avec la PCRF, IN et éventuellement Billing.

Le Core Wifi remplit dans ce cas la fonction PCEF.

Deux autres sous-choix sont inhérents à cette configuration et concernent le DPI :

3.2.1 DPI intégré dans l'environnement WIFI

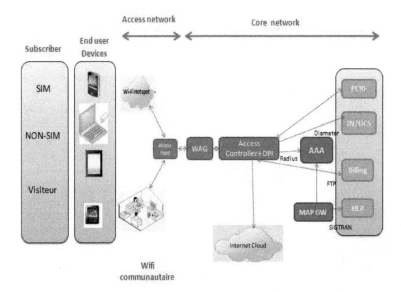

Permet d'avoir la fonctionnalité DPI intégrée au niveau du contrôleur WIFI ce qui permet d'avoir un seul équipement qui regroupe plusieurs fonctionnalités, avec facilité de gestion mais ce qui peut aussi poser un problème vu que plusieurs processus se lancent sur le même équipement.

3.2.2 DPI Standalone

Permet d'avoir la fonctionnalité DPI à part et non intégrée dans le contrôleur pour éviter toute chute de performance.

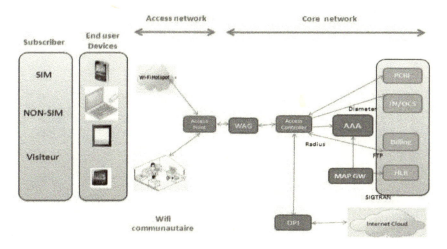

- Le protocole d'authentification (EAP-SIM, autres)

Ouverture de l'architecture sur des accès WI-FI Communautaires

Lorsqu'on a des accès communautaires on a une portion de la bande passante réservée à l'abonné et une partie pour les visiteurs et chacun a son propre SSID avec avertissement de l'abonnée lors de la connexion des visiteurs. Ce qui rend le nombre de visiteurs à se connecter au box limité

Scénario 1 : Un utilisateur de l'opérateur X EAP-SIM post-payé

1. L'utilisateur doit configurer le service sur son équipement
2. L'utilisateur se connecte au SSID de façon transparente (c'est son terminal qui initie la connexion)
3. Le contrôleur envoie une Access request au AAA pour l'authentification
4. L'utilisateur est authentifié au AAA via HLR
5. Vérification du quota au niveau du IN/PCRF une fois l'authentification est réussie
6. AAA envoie Access-Accept au contrôleur
7. L'utilisateur peut utiliser Internet

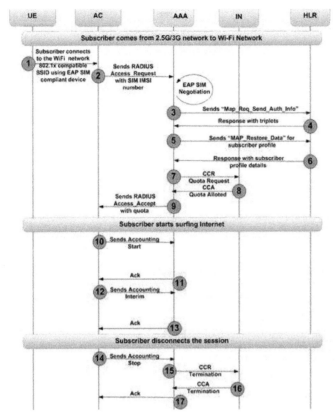

AAA représente le Core WIFI y compris la WIC/WAG et Map Gateway

Billing fait référence à Billing et/ou PCRF

Scénario 2 : Un utilisateur de l'opérateur X EAP-SIM prépayé

1. L'utilisateur doit configurer le service sur son équipement
2. L'utilisateur se connecte au SSID
3. Le contrôleur envoie une Access request au AAA pour l'authentification
4. L'utilisateur est authentifié au AAA via HLR
5. Vérification du quota au niveau du IN une fois l'authentification est réussie
6. AAA envoie Access-Accept au contrôleur
7. L'utilisateur peut utiliser internet

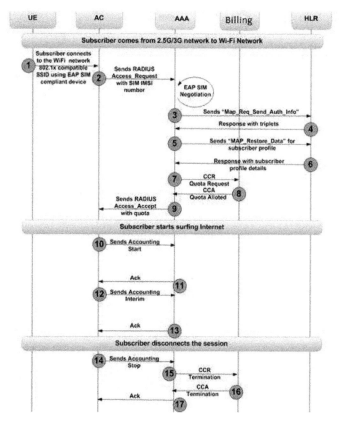

AAA représente le AAA y compris la Map Gateway

IN fait référence à l'IN et/ou PCRF

Scénario 3 : Un utilisateur l'opérateur X non EAP-SIM

Cas 1 : Authentification basée sur MSISDN

1.   l'utilisateur se connecte au SSID
2.   l'utilisateur lance le navigateur et essaye de se connecter, et est redirigé vers un portail captif qui l'invite à saisir le MSISDN.
3.   l'utilisateur saisi son numéro de téléphone
4.   l'authentification du numéro de téléphone au niveau du SDP (Service Delivery PF) ou autre PF susceptible de communiquer l'autorisation.
5.   Le portail captif génère l'OTP et l'envoie au téléphone de l'utilisateur via SMSC
6.   L'utilisateur saisi l'OTP
7.   Vérifie le quota au niveau d'IN/PCRF (prépayé) et Billing/PCRF (postpayé)
8.   Alloue le quota à l'utilisateur
9.   AAA envoie acess-accept avec le quota au contrôlleur
10.   L'utilisateur peut utiliser Internet

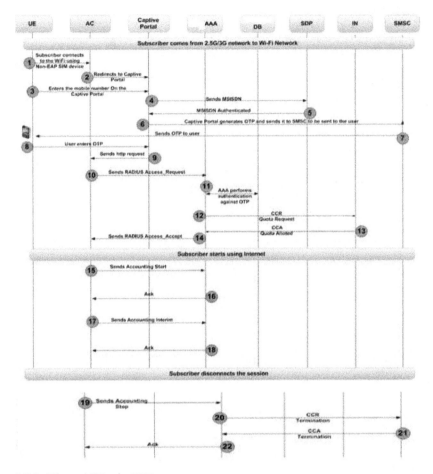

IN fait référence à l'IN et/ou PCRF

Cas 2 : Authentification basée sur MAC ID

1. L'utilisateur se connecte au SSID
2. ISG/WAG va envoyer une access_request au AAA avec MAC ID
3. Vérifier MAC ID in AAA et si on la trouve on envoie Access-Accept sinon Access-Reject au contrôleur
4. L'utilisateur est redirigé vers le portail captif
5. L'utilisateur saisi son numéro de téléphone
6. L'utilisateur s'authentifie via SDP
7. Le portail captif génère OTP& et l'envoie à l'utilisateur du mobile via SMSC
8. L'utilisateur reçoit un SMS qui contient l'OTP
9. L'utilisateur saisi l'OTP & le vérifie au niveau du portail captif
10. Vérifie le quota au niveau du IN(prépayé) et OCS(postpayé)
11. AAA va envoyer Access-Accept avec quota vers Acess Contrôleur

12.   L'utilisateur peut utiliser internet

Scénario4: Walk in subscriber

Voucher based

1.   Le walking user se connecte au réseau wifi et il est redirigé vers le portail captif
2.   Pour un utilisateur pour la première fois, il doit suivre le lien « Register Me » qui se trouve sur le portail captif pour s'enregistrer
3.   La page « register me » demandera le numéro de téléphone et le voucher ID
4.   Une authentification de l'utilisateur à base de voucher ID est effectuée au niveau du système prépayé pour vérifier si le voucher est valide si la réponse est négative l'utilisateur ne pourra pas avancer.
5.   Si le voucher ID est valide la page « register me » génère l'OTP qui sera envoyé vers le téléphone de l'utilisateur en question. (la page « register me » doit s'interfacer avec le SMSC)
6.   Une fois l'utilisateur reçoit l'OTP il doit le saisir avec son numéro de téléphone dans les champs correspondants
7.   La page « register me » sauvgarde alors l'utilisateur avec l'OTP correspondant dans le serveur AAA et envoie les informations vers subscriber account management module ou le l'utilisateur est enregistré
8.   AAA authentifie l'utilisateur et s'interface avec le système de pré-payement pour le charging

Creditcardbased

1.   Le walking user se connecte au réseau wifi et il est redirigé vers le portail captif
2.   Pour un utilisateur pour la première fois , il doit suivre le lien « Register Me » qui se trouve sur le portail captif pour s'enregistrer
3.   La page « register me » demandera le numéro de téléphone et d'autres détails et listera les modes de payement proposés.
4.   Si l'utilisateur choisit le payement en ligne il sera alors redirigé vers une page de payement en ligne, la page « register me »reçoit la réponse, si elle est négative les flux de communication s'arrêtent.
5.   Si la réponse est positive la page « register me » génère l'OTP qui sera envoyé vers le téléphone de l'utilisateur en question. (la page « register me » doit s'interfacer avec le SMSC)
6.   Une fois l'utilisateur reçoit l'OTP il doit le saisir avec son numéro de téléphone dans les champs correspondants
7.   La page « register me » sauvgarde alors l'utilisateur avec l'OTP correspondant dans le serveur AAA et envoie les informations vers subscriber account management module ou le l'utilisateur est enregistré
8.   AAA authentifie l'utilisateur et s'interface avec le système de pré-payement pour le charging

Chapitre 5

Analyse des KPI 3G et choix des sites de déploiement

Dans ce chapitre, les indicateurs clefs de performance significatifs qui mesure le taux d'accessibilité, le trafic et le nombre d'utilisateurs important feront l'objet d'une analyse qui aboutira à l'identification des sites congestionnées ainsi que la cause de la congestion, le traitement des KPI se fera avec excel qui est un outil puissant et utilisé par la plupart des entreprises .

1. Etude et Analyse des KPI 3G

Disclaimer : les données manipulées étant confidentielles, cette partie de l'ouvrage explicitera la méthodologie seulement : les seuils, pourcentages, et résultats ne sont pas donnés.

1.1 Statistiques et relevées par plaque

Afin de bien manipuler les statistiques, on utilise le tableau dynamique croisé sur Excel sur lequel on sélectionne uniquement les données avec lesquelles on va travailler et on les organise sous forme d'étiquettes de ligne, colonne, valeur :

- Etiquettes de ligne : Plaque, Sous-plaque, Cell ID,
- Etiquettes de colonne : Date
- Etiquettes de valeurs : Ps call setup failure rate, HSDPA trafic volume, HSDPA access failure rate

Objets				
Résultat	Résultat	Résultat	Résultat	Résultat
Résultat	Résultat	Résultat	Résultat	Résultat
Résultat	Résultat	Résultat	Résultat	Résultat
Résultat	Résultat	Résultat	Résultat	Résultat
Résultat	Résultat	Résultat	Résultat	Résultat
Résultat	Résultat	Résultat	Résultat	Résultat
Résultat	Résultat	Résultat	Résultat	Résultat
Résultat	Résultat	Résultat	Résultat	Résultat
Résultat	Résultat	Résultat	Résultat	Résultat
Résultat	Résultat	Résultat	Résultat	Résultat
Résultat	Résultat	Résultat	Résultat	Résultat

Plaque

Sous-plaque

Cell ID

Date

Temps

1.2 Traitement et choix des KPI pertinents

Pour avoir les cellules congestionnées candidates de la solution d'offload j'ai travaillé sur plusieurs indicateurs clé de performance significatifs et représentatifs qui englobe les différents aspects de congestion :

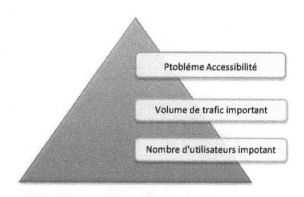

Ptobléme Accessibilité

Volume de trafic important

Nombre d'utilisateurs impotant

Indicateurs clés de performances utilisées :

1. Ps call setup failure rate: Traduit le taux d'échec d'accessibilité au service R99, HSDPA, HSUPA
2. HSDPA access failure rate: Un bon indicateur sur le taux d'échec d'accessibilité au service HSDPA, il donne plus de détails sur le service HSDPA
3. Data traffic volume: Indique le volume de traffic des trois services R99, HSDPA, HSUPA
4. HSDPA Traffic volume: Indique le volume de traffic du service HSDPA seul
5. HSDPA number of user: Indique le nombre d'utilisateurs de HSDPA

Etant donné que le HSDPA est le plus utilisé on utilise des indicateurs clés de performance qui donne plus d'informations sur le service HSDPA

1.3 Analyse : Sélection des sites congestionnés

L'Analyse est réalisée sur les données de 3 mois (janvier, février, mars de l'année 2013) sous Excel

Etape 1 : trouver les sites les cellules ou il ya un problème d'accessibilité (Access failure rate > x %)

Etape 2 : parmi ces cellules trouver les cellules ou il ya plusieurs utilisateurs et un trafic important.

Résultats de l'analyse

Ville	Sites dégradés	Causes de congestion
Plaque P1	Site 1	Les sites ne sont pas migrés vers IP
Plaque P2	Site 1 Site 2	Trafic important Nombres d'utilisateurs important
Plaque P3	Site 1 Site 2 Site 3 Site 4 Site 5	Trafic important Nombres d'utilisateurs important
Plaque P4	Site 1 Site 2 Site 3	Besoin de CE en PL Nombres d'utilisateurs important Problème d'accessibilité
Plaque P5	Site 1 Site 2	Saturation de puissance Saturation de code
Plaque 6	Site 1 Site 2	Problème d'accessibilité Traffic important
Plaque 7	Site 1 Site 2 Site 3 Site 4	Problème de CE (surtout en période d'été)
Plaque 8	Site 1 Site 2	Nombres d'utilisateurs important Taffic important

Chapitre 6

Processus de dimensionnement et de planification d'un réseau WI-FI

Le processus de planification et de dimensionnement est considéré comme une tâche délicate et importante dans le déploiement des réseaux de télécommunication car il va influer sur le temps de réponse du réseau et par conséquence sur la qualité de service requise par l'abonné. Ce qui implique qu'un réseau sous dimensionné engendrera des difficultés de connexion pour un nombre d'abonnés donné, augmentera le nombre de sessions échoués et surchargera la capacité de traitement et de calcul au niveau des équipements .De même pour un réseau surdimensionné, il engendrera un coût d'investissement très élevé.

1. Processus de dimensionnement et de planification d'un réseau WI-FI

Le processus de dimensionnement d'un réseau WI-FI consiste à déterminer les éléments suivants :

- Nombre de points d'accès
- Rayon des cellules
- Débit offert dans le réseau
- Canaux radio à affecter
- Nombre des switchs

Vu que la distribution des abonnés dans un réseau WI-FI varie d'une zone à une autre, le nombre de point d'accès varie d'une cellule à une autre en fonction de la bande passante qu'il faut offrir aux abonnés et en fonction des services offerts.

Le processus de dimensionnement d'un réseau WI-FI est réalisé en deux étapes :

- **Dimensionnement par la couverture radio** permettant de déterminer le rayon et la surface des cellules WIFI.
- **Dimensionnement par le trafic** permettant de déterminer le nombre de point d'accès par cellule WIFI.

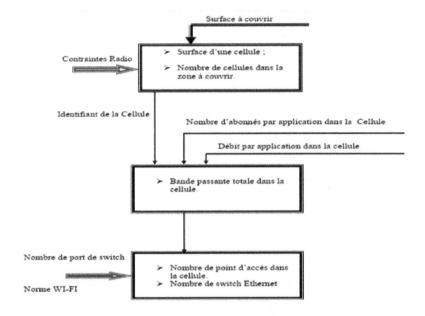

Figure 14 : Processus de planification et dimensionnement d'un réseau WIFI

2 .Prévision de la couverture

2.1 Rappel sur la théorie radio dans le cadre de WI-FI

Les ondes radio sont transportées dans l'air et subissent des pertes en intensité importantes le long de leur trajet. A cet effet, La connaissance des caractéristiques de la paire d'appareils WI-FI utilisés pour la liaison permet de calculer la distance théorique de ce lien, en espace libre, c'est à dire sans obstacles.

Ce calcul se base sur les éléments suivants :

• La puissance du signal émis ;

• La sensibilité du récepteur.

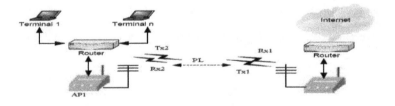

Figure 15: Schéma de bloc général d'une liaison radio WIFI

2.2 Calcul de la puissance émise

La puissance du signal émis est appelée Puissance Isotrope Rayonnée Equivalente(*PIRE*). Elle est notée *Tx*. Elle dépend de la chaîne appareil-câble-antenne : l'appareil émetteur (point d'accès) émet le signal avec une certaine puissance notée *Px*, le câble reliant l'appareil à l'antenne engendre une perte notée *L*, et l'antenne fournit elle aussi une puissance supplémentaire notée *G*.

En exprimant ces puissances en décibel (*dB*), la PIRE s'obtient par simple addition :

PIRE = Puissance AP - Pertes câble + Puissance antenne,

Soit : $$Tx = Px - L + G$$

Remarque : Le décibel est une unité exprimant un rapport, autrement dit un gain. Pour des puissances,le calcul est le suivant :dB = 10 * log(P1/ P2)

2.3 Puissance émise

Pour l'antenne, il s'agit de décibel par rapport à un isotrope (*dBi*). L'isotrope est une antenne théorique parfaite qui émet de façon homogène dans toutes les directions. Le dBi est donc le gain de l'antenne par rapport à un isotrope qui émet la même quantité d'énergie.

Pour l'appareil émetteur, il s'agit de décibel par rapport au milliwatt (dBm) : dans la formule précédente, P2 = 1 mW, et P1 est la puissance d'émission en Watt de l'appareil.
Pour l'antenne, il s'agit de décibel par rapport à un isotrope (dBi). L'isotrope est une antenne théorique parfaite qui émet de façon homogène dans toutes les directions. Le
dBi est donc le gain de l'antenne par rapport à un isotrope qui émet la même quantité d'énergie.

Les pertes câbles sont exprimées en décibel par mètre (dB/m), donc les pertes totales dues au câble sont calculées ainsi :

Pertes câble (dB) = longueur câble (m) * perte (dB/m)

2.4 Calcul de la sensibilité de réception

Pour que le signal reçu soit intelligible pour le récepteur, il faut que celui-ci ait une sensibilité suffisante. Là encore, c'est l'ensemble appareil-câble-antenne qu'il faut prendre en compte.

La sensibilité effective notée **Rx** est une addition de la sensibilité de l'appareil noté **Sx** et du gain de l'antenne noté **G**, auxquels on retranche les pertes câble noté L soit :

$$SX = RX\_L + G$$

La puissance effective du signal reçue doit être supérieure à la sensibilité de l'ensemble, faute de quoi le signal ne pourra pas être utilisé.

2.5 Calcul du rapport Signal / Bruit

La sensibilité de réception n'est pas toute, il faut aussi tenir compte du rapport de puissance signal sur bruit. Il s'agit de la différence minimum de puissance entre le signal que l'on cherche à recevoir et le bruit (bruit thermique, bruit industriel dû par exemple aux fours microondes, bruit dû aux autres WLAN travaillant sur la même bande). Il est défini par:

Rapport signal/bruit [dB] = 10 * Log10 (Puissance du signal [W] / Puissance du bruit [W]

2.6 Calcul de l'affaiblissement maximum tolérable

Cas de l'espace libre : La différence entre la puissance de l'émetteur et la sensibilité du récepteur donne l'affaiblissement maximum qu'on peut tolérer. On prend une marge de 10 dB(cela équivaut à un facteur 10), qu'on retranche à l'affaiblissement maximum tolérable, et on obtient l'affaiblissement en ligne déterminant noté PL, pour "Pertes en Ligne".

Pour calculer la distance correspondant à cet affaiblissement, on utilise la formule de Friis donnée par :

$$pl = 20\log_{10}(\frac{4\prod d}{\lambda})$$

Nous présentons la fonction, donnée par la formule de Friis, qui exprime l'affaiblissement en fonction de la distance entre l'émetteur et le récepteur dans le cadre d'une propagation en espace libre d'une onde de longueur d'onde 0.12 m (une fréquence de 2.5 GHZ).

Nous obtenons la figure suivante :

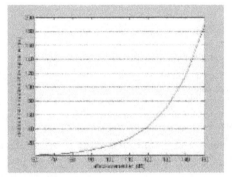

Figure 16: Présentation de la distance en fonction de l'affaiblissement

Le calcul de la distance en fonction de l'affaiblissement, sur la base de la formule de Friis donne :

$$d = 10^{((-40.4+pl)/20)}$$

Cas d'un environnement de propagation autre que l'espace :il faut prendre en considération les propriétés de milieux de propagation

2.7 Bilan de la liaison

Pour qu'une communication WiFi puisse avoir lieu, il faut que le bilan radio soit satisfaisant dans les deux sens.

Px	Puissance démission
S1	Seuil de réception
S2	Seuil de réception
G1, G2	Gain de l'antenne
L1, L2	Perte dans le câble
Tx1= Px- L1+ G1 ; Tx2= Px- L2+ G2	Puissance Isotrope Rayonnée équivalente
Rx1= S2- L1+G1 ; Rx2= S1- L2+G2	Sensibilité de réception
PL1=Rx1-Tx2 ; PL2= Rx2-Tx1	affaiblissement ligne tolérable
M	Marge de sécurité
PL= max (PL1 ; PL2) +m	affaiblissement en ligne déterminant
PLi	affaiblissement du à l'obstacle i
$A = PL - \sum_i PL_i$	Affaiblissement maximum tolérable
$d = 10^{((-40.4+A)/20)}$	Distance qui correspond à l'affaiblissement tolérable

Figure 17: Bilan de la liaison

3. Prévision de trafic

3.1 Prévision d'abonnés

Puisque un réseau WI-FI est un réseau cellulaire, la zone à couvrir sera divisé en sous zones géographiques. Une sous zone géographique ou cellule est desservie par un ou plusieurs points d'accès dont les abonnés qui sont présents dans une cellule de réseau WI-FI vont partager le débit offert par l'ensemble de ces points d'accès.

La prévision d'abonnés permet de déterminer la distribution des abonnés à l'intérieur de réseau et par la suite de déterminer la densité d'abonnés par zone.

3.2 Prévision de trafic

Pour dimensionner un réseau, il est nécessaire de déterminer les valeurs de la charge potentielle de trafic que le réseau doit agréger et écouler. Pour cela, nous effectuons les mesures et le suivi de demande en trafic.

La prévision de trafic consiste à déterminer le trafic par abonnés et ce, dans chaque zone de trafic, pour obtenir comme résultats le débit moyen par abonnés selon le type de service.

3.3 Capacité de système

Le choix du débit est important car il influe directement sur le coût. Il ne faut pas donc surévaluer le débit par rapport à nos besoins, afin d'éviter de payer un coût surtout intitule. Il ne faut pas non plus le sous-évaluer, car les abonnés exigent des qualités bien définies.

3.3.1 Estimation de débit crête par application

Pour déterminer la capacité totale du système, on doit disposer d'une estimation du débit maximal individuel pour chaque service offert.

3.3.2 Calcul de la bande passante totale

Avant de calculer la bande passante total, on va introduire la notion de taux de simultanéité qui est définit par le rapport du nombre d'abonnés qui pénètrent simultanément dans le réseau et le nombre totale des abonnés présent dans le réseau.

Vu que la densité d'abonnés varie d'une cellule à une autre, on calcule la bande passante pour chaque cellule de réseau.

En se basant sur le nombre d'abonnés dans une cellule bien déterminée de réseau et les services qu'elle doit offrir aux abonnés, il est possible de calculer la bande passante totale dans la cellule selon l'équation :

B : bande passante utile dans une cellule.

nj : nombre d'abonnés servis par le service j.

cj : bande passante par abonnés pour le service j.

Sj : taux de simultanéité pour la catégorie d'abonnées servis par le service j.

4. Rayon et surface des cellules

Etant donné les caractéristiques des équipements WI-FI et par la théorie radio, nous déterminons la distance qui correspond à un affaiblissement qu'on peut tolérer entre deux antennes jouant le rôle d'un émetteur /récepteur .Dans notre étude, cette distance correspond à la distance maximal qui peut exister entre un point d'accès et un terminal WI-FI comme le montre la figure suivante :

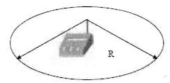

Figure 18: Cellule WI-FI

Alors le rayon de la cellule WI-FI est déterminé par :

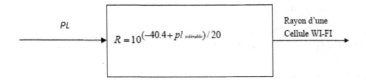

5. Nombre de cellules dans la zone à couvrir

Etant donné la surface de la zone à couvrir et le rayon d'une cellule de réseau, le nombre total de cellules sera déterminé par :

6. Nombre de point d'accès par cellule

Un point d'accès WI-FI 802.11b offre un débit théorique de 11Mbps et débit réel maximum de 6 Mbps pour une distance bien déterminée entre le point d'accès et le terminal WI-FI. Cette bande passante offerte est partagée entre les différents abonnés se trouvant dans la cellule servie par le point d'accès. Mais dans la plus part de cas il faut offrir une bande passante supérieure à celle offerte par un seule point d'accès puisque avec un nombre d'abonnés important et une demande des services gourmands en terme de bande passante nous oblige d'installer plus d'un point d'accès par cellule pour servir les abonnés.

Puisque la distribution d'abonnés dans le réseau varie d'une zone à une autre, nous sommes invités à déterminer le nombre de points d'accès pour chaque cellule de réseau.

Le nombre de point d'accès dans une cellule sera déterminer par :

$$\text{Nbre point daccès} = \frac{\text{Bande passante totale dans la cellule}}{\text{Bande passante offerte par un point daccés}}$$

7. Dimensionnement des switchs Ethernet

Les switchs Ethernet sont utilisés pour agréger les points d'accès et d'économiser les liens GE au niveau du réseau de transport. Ces derniers doivent être dimensionnés d'une manière flexible pour garantir les performances de réseau.

Le nombre de switchs nécessaire dépend du nombre de point d'accès et il sera déterminé selon le modèle suivant :

$$N\_AP \longrightarrow \boxed{\frac{N\_AP}{N\_ports\_switch}(+1)} \longrightarrow N\_switch$$

Le dimensionnement d'un réseau cellulaire tel que le cas d'un réseau WI-FI est une tâche très complexe .elle s'appuie sur deux bases de nature différentes dont la première est purement théorique qui nécessite une grande puissance de traitement et de calcule et la deuxième est purement pratique qui nécessite des mesures sur le champs pour satisfaire tous les contraintes dues à l'environnement de propagation.

Vu que ce type de modèle est difficile à l mettre en pratique, on a essayé de lisser cette tâche en utilisant des méthodes beaucoup plus simples à être implémentés et intégrés dans un outil informatique.

8. Développement d'un outil de dimensionnement des accès wifi

8.1 Description de l'outil

Cet outil permet de facilite la tâche de dimensionnement d'un réseau d'accès WI-FI et permet de déterminer :

- Le rayon et la surface d'une cellule WI-FI
- Le nombre de cellule WI-FI dans la zone à couvrir

- Le nombre de point d'accès WI-FI dans chaque cellule de réseau
- Le nombre de switch Ethernet
- Les canaux radio à affecter aux points d'accès.

8.2 Environnement de programmation

L'application a été développée sous l'environnement de développement «JAVA».

Le choix du langage Java est dû au fait que les logiciels écrits dans ce langage sont facilement portables sur plusieurs systèmes d'exploitation tels que UNIX, Windows, Mac OS ou GNU/Linux.

Le développement est fait sous l'environnement de développement intégré (EDI) Netbeans.

En plus de Java, cet EDI permet également de supporter différents autres langages, comme Python, C, C++, JavaScript, XML, Ruby, PHP et HTML. Il comprend toutes les caractéristiques d'un IDE moderne (éditeur en couleur, projets multi-langage, éditeur graphique d'interfaces et de pages Web).

8.3 Données d'entrée de l'application

L'application se compose essentiellement des frames suivants :

- Frame_AP : permet d'entrer les caractéristiques de points d'accès telles que la puissance d'émission, seuils de réception.
- Frame _AC : permet d'entrer les paramètres relatives aux antennes, notamment le gain, et aussi les paramètres relatives aux câbles reliant les antennes aux points d'accès (longueur des câbles, perte par unité de longueur).
- Frm_Cell : Permet d'entrer le code de la cellule WIFI à dimensionner et la densité d'abonnés présents dans cette cellule.
- Frm_Application : permet d'entrer la bande passante nécessaire par service.
- Frm_TP: permet de définir le taux de pénétration des abonnés relative à chaque service.
- Frm_Abonnés : permet d'entrer le pourcentage d'abonnés relative à chaque application parmi le nombre total d'abonnés présent dans la cellule à dimensionner.

8.4 Résultats de l'application

Les feuilles suivantes permettent d'afficher les résultats en prenant comptes des contraintes relatives à la couverture radio et la bande passante à offrir.

• Frm_Dim_Cellules : donne le rayon d'une cellule et le nombre de cellule dans le réseau.

• Frm_Dim_Nombre_PointAccès_Switch : permet de calculer le débit total dans une cellule bien déterminée, le nombre de point d'accès qu'il faut installer dans la cellule pour avoir le débit souhaitable dans les deux cas avec les normes IEEE802.11b etIEEE802.11g, les canaux radio à affecter aux points d'accès et le nombre de switchs Ethernet nécessaire.

8.5 Présentation de l'outil

<u>Au démarrage</u>

Au lancement de l'application, l'écran de démarrage ci-dessous apparaît :

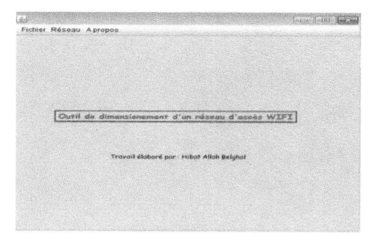

Figure 19: Présentation de projet

Menu principale

Le menu principal, présenté sur la figure 6.1, contient les menus suivants :

➢ Le menu « Fichier » contient les sous menus suivants
- Le sous menu « Nouveau » permet de créer un nouveau projet.
- Le sous menu « Ouvrir » permet d'ouvrir un projet déjà dimensionné.
- Le sous menu « Enregistrer » permet d'enregistrer les paramètres de dimensionnement dans un fichier « (nom de projet).txt ».
- Le sous menu « Quitter » permet de sortir de l'application.

➢ Le menu « A propos » permet à l'utilisateur d'avoir de l'aide sur l'application.
- Le menu « Réseau » permet à l'utilisateur de lancer le processus de dimensionnement.

Le frame suivant permet de renseigner les données relatives aux caractéristiques des équipements à utiliser à savoir les points d'accès, les antennes et les câbles.

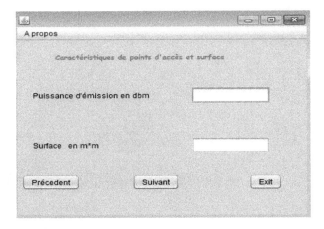

Figure 20: Caractéristiques de points d'accès et surface

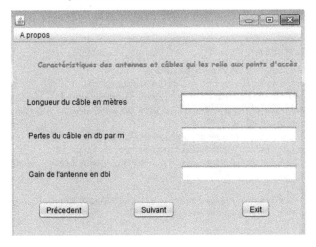

Figure 21: Caractéristiques des antennes et câbles qui les relient aux points d'accès

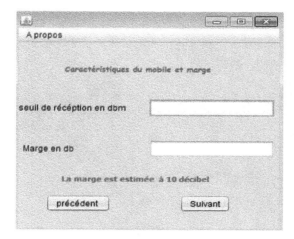

Figure 22: Caractéristiques du mobile et marge

A l'exécution des étapes décrites ci-dessus, la fenêtre intitulée « Résultat de dimensionnement »est affichée En cliquant sur le bouton « calcul » le résultat de dimensionnement d'une cellule s'affiche avec le rayon de la cellule, le nombre total de cellule et les canaux radio à affecter.

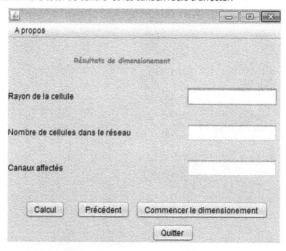

Figure 23: Résultats de dimensionnement rayon et canaux affectés

La fenêtre suivante permet de saisir :

- Le code de la cellule à dimensionner qui l'identifie de manière unique.
- Le nombre d'abonnés dans la cellule
- La surface de la cellule

Ces données permettent de calculer la densité de la cellule.

Figure 24: Identification de la cellule à dimensionner

La fenêtre ci-dessous définit la bande passante nécessaire à chaque service demandé par les abonnés se trouvant dans cette cellule.

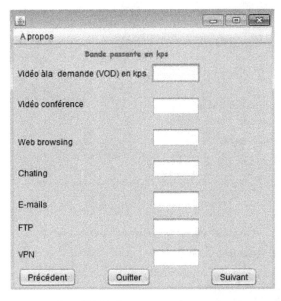

Figure 25: La Bande passante pour chaque service

Le split des profils abonnés est réalisé sur la base du pourcentage d'abonnés par service :

Figure 26: Pourcentage d'abonnés pour chaque service

Le taux de simultanéité pour chaque service est à renseigner sur la fenêtre suivante :

.

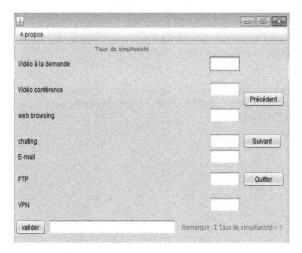

Figure 27: Taux de simultanéité pour chaque service

En fin, pour afficher le résultat de dimensionnement, un simple clic sur le bouton« Calcul » permet de calculer le nombre de points d'accès requis et pour avoir le nombre de switch Ethernet on sélectionne d'abord le type de raccordement du point d'accès au switch parmi ceux proposés « mesh , point à point » dans la liste.

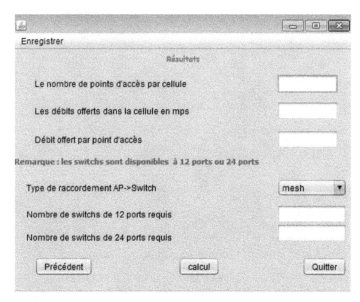

Figure 28: Résultats de dimensionnement

Lors de ce chapitre, j'ai présenté l'outil de dimensionnement que j'ai développé en décrivant les fonctionnalités de chacun de ses modules, cet outil peut être utilisé par les opérateurs afin d'estimer le dimensionnement des points d'accès des réseaux Hotspot WIFI.

L'opérateur est amené à effectuer un suivi régulier et très fin de son réseau et doit prendre en considération la croissance des demandes à court et à long terme afin de satisfaire les besoins des abonnés en termes de débit, QoS et sécurité.

Chapitre 7

Conclusion

Le monde des données mobiles connaît une grande révolution appuyée et consolidée par la diversité des équipements utilisateurs notamment les Smartphones et les tendances des utilisateurs qui se penchent vers la vidéo ce qui rend les opérateurs devant un vrai chalenge qui s'incarne dans la satisfaction des utilisateurs et assurer la qualité de service tout en tenant en considération les revenus de l'opérateur dans cette perspective le wifi se lance comme une réelle opportunité pour les opérateurs pour alléger leurs réseaux mobiles 3G .

Tout au long de ce rapport, nous avons mis l'accent et le point sur les éléments les plus saillants liés à la technologie d'Offload via Wifi.

Les architectures intégrées et discutées dans ce rapport laissent le champ ouverts aux évolutions déjà en place ou avenir. Ces évolutions sont principalement le Hotsppot2.0 et le 3GPP WLAN.

Le hotspot 2.0 qui est déjà déployé par certain opérateurs approchent de la maturité et permet d'ouvrir le roaming suite à des accords signés entre les opérateurs dans le monde : la conformité Hotspot 2.0 doit être de bout en bout.

D'autres part, la norme AMDSF qui vise l'intégration du 3GPP avec WLAN pour améliorer davantage la sélection/resélection.

En effet, les critères de sélection 3G/4G ou wifi évolueront pour permettre d'intégrer des éléments de décision plus poussés. La communication entre un contrôleur Mobile (RNC/mBSC) et un contrôleur Wifi permettra de faire passer l'état de congestion, des paramètres de QoS, etc... et la compilation de ces paramètres conditionnera ou non la sélection3G/4G ou Wifi.

Ainsi, les deux chaines examinées tout au long du chapitre scénarii d'ingénierie et qui sont la chaine d'accès Wifi et celle d'accès 3G se cofonderont dès la couche de contrôle. Et la norme en cours décrit l'interfonctionnement entre les systèmes 3GPP (mBSC/RNC) et réseaux WLAN (WIC) pour définir et arrêter les échanges de paramètres entre les deux réseaux. Le WIC fera à termes partie du mBSC/RNC : le but est d'étendre les services et fonctionnalités 3GPP à l'environnent d'accès WLAN.

Le sous-système WLAN 3GPP est supposé fournir des services de support pour connecter un abonné 3GPP via WLAN à des services basés sur IP compatibles avec ceux offerts via le domaine PS.

Un interfonctionnement WLAN devient effectivement une technologie d'accès radio complémentaire au système 3GPP.

Scénarii d'interfonctionnement

Scénario	Description
Scénario 1 : Facturation commune	L'utilisateur reçoit une seule facture de l'opérateur de téléphonie mobile pour l'utilisation des services 3GPP et WLAN.
Scénario 2 : Contrôle d'accès et charging basés sur le système 3GPP	Authentication, authorization, accounting sont fournies par le système 3GPP
Scénario 3 : accès aux services PS du système 3GPP	L'extension des services PS du système 3GPP au WLAN, ses services peuvent inclure la messagerie instantanée, services de localisation, services IMS.
Scénario 4 : Continuité de service	Les services pris en charge dans le scénario 3 sont faits pour survivre à un changement d'accès entre WLAN et les systèmes 3GPP. Le changement d'accès peut être perceptible par l'utilisateur, mais il n'y aura pas besoin de rétablir le service.
Scénario 5 : jointure de service	La continuité de service est assurée de manière fluide, et les aspects tels que la perte de données et le temps mort pendant la transition entre les technologies d'accès sont minimisée.
Scénario 6 : accès aux services CS du système 3GPP	L'accès est autorisé aux services fournis par les entités du cœur CS 3G pour les interfaces WLAN

Tableau 4: Scénarios d'interfonctionnement 3GPP WLAN

Comparaison entre le Wifi-offload et femto-cellules

Parmi les approches d'offload data qui se présente dans le marché il ya le femto-cellule ici un tableau comparatif des deux solutions en se penchant sur divers critères.

	Wifi-offload	Femto-cellules
Objectif	Offload Data 3G sur Wifi en renforçant la couverture outdoor et dans les lieux publics	Offload Voix et Data 3G sur Wifi en renforçant la couverture indoor chez les clients
Spectre	Sans Licence : réglementé par une décision du régulateur	Avec License : réutilisation du spectre 3G
Authentification	**EAP-SIM** : pour les terminaux supportant EAP-SIM tels que I phone, Samsung **EAP-TTLS** : pour les terminaux Androïde **Portail captif** : pour les terminaux non-EAPSIM via des mécanismes tel que le OSPWD (One Shot PWD)	Authentification native 3G
Backhauling	Supporte différents technologies Backhauling : le backhauling sur FO est très répandu	Dépend de la technologie Backhauling du client chez qui la femto est installé : le backhauling sur des accès ADSL est très répandu
Capacité	Des centaines d'utilisateurs	Quelques unités d'utilisateurs
Déploiement	Plus de 60 millions de borne wifi à l'an 2012	40 millions d'unités à l'horizon 2015

Liste des figures

Liste Des Tableaux

0...9

2G: 2d generation
3G: 3rd Generation
3GPP:3rd Generation Partnership Project

A

AAA: Authentication,Authorization, Accounting
AS: Access stratum

B

BTS: Base Transceiver Station
BSS: Basic service Set

C

CS: Circuit Switched
CE: Channel Element
CAP-WAP: Control and provisioning of wireless access points

D

D-RNC: Drift Radio Network Controller
DPI: Deep Packet Inspection

E

EAP: Extensible Authentication Protocol

G

GMSC: Gateway Mobile Switching Centre
GGSN: Gateway GPRS Support Node
GSM: Global System for Mobile
GPRS: General Packet Radio Service

H

HSDPA: High-Speed Downlink Packet Access
HSUPA: High Speed Uplink Packet Access
HSPA: High Speed Packet Access
HO: Hand over
HLR: Home Location Register

I

IMS : IP Multimedia Subsystem
ISM : Bande industrielle scientifique médicale
IEEE : Institute of Electrical and Electronics Engineers

K

KPI : Key Performance Indicators

L

LLC : Logical Link Control

M

MIMO: Multiple-Input Multiple-Output
MAC: Medium Access Control
MSC : Mobile Switching Centre
MIC: Message Integrity Code

N

NAS: Non Access Stratum

O

OCS : Online Charging System
OFDM : Orthogonal Frequency-Division Multiplexing
OVSF : Orthogonal Variable Spreading Factor

P

PCEF: Policy and Charging Enfoncement Function
PCC : Policy and Control Charging
PCRF : Policy and Charging Rules Function
PS : Packet-switched
AP : Access Point

Q

QOS : Quality of service

R

RNC: Radio Network Controller
RAB : Radio Access Bearer
RRC: Radio Resource Control
RF: Radio frequency
RADIUS: Remote Authentication Dial-In User Service

S

SGSN : Serving GPRS Support Node
SSID : Service Set Identifier
S-RNC: Serving Radio Network Controller
SARF : Site Acquisition RequestForm

T

TKIP : Temporal Key Integrity Protocol

U

UMTS: Universal Mobile Telecommunications System
USIM : Universal Subscriber Identity Module

V

VPN : Virtual Private Network
VLR : VisitorLocation Register

W

WLAN :Wireless Local Area Network
WAG: Wireless Access Gateway
WCS: Wireless Control System
WCDMA: Wideband Code Division Multiple Access
WI-FI: Wireless Fidelity
WEP: Wired Equivalent Privacy
WLC: Wireless Lan Controller

Spécifications 3GPP

[1]:3GPP technical Specification23.234, '**3GPP system to Wireless Local Area Network (WLAN) interworking**', (Release 6.10.0), Septembre 2006.

[2]:3GPP technical Specification32.410, '**Key Performance Indicators (KPI) for UMTS and GSM**', (Release 9.0.0), Septembre2009.

Ouvrage

[3]: Aurélien Géron,'**WI-FI Professionnel la norme 802.11, le déploiement, la sécurité**',3ème Edition.

Documents techniques

[4]: Ericsson,'**WCDMAKPIs**', Ericsson, Mars 2010.

[5]: Cisco,'**Global Mobile Data Traffic Forecast, 2012–2017**, Cisco,Février2013

[6]: Nokia Siemens Networks,'**High level KPIs definitions and analysis**',NSN,Mars 2010

[7]:ANRT,'**Décision ANRTpour les conditions d'installation et d'exploitation des réseaux WI-FI outdoor par les exploitants de réseaux publics de télécommunications terrestres autorisés à fournir des services de télécommunications fixes et mobiles au maroc**',ANRT,Avril 2013

Sites web

[8] : Site du prof A.Berraissoul ,http://www.berraissoul.com

[9]: Wikipédia, www.wikipedia.org.

[10]: Site,http://telecomfunda.com

[11] :ANRT, http://www.anrt.ma

[12] : Slideshare,ttp://fr.slideshare.net

[13] : Wballiance,http://www.wballiance.com